誰でもすぐにつくれる!

売れる「手書きPOP」のルール

船井総合研究所
今野良香

同文舘出版

はじめに

POPについて、よくこのような質問を受けます。

「POPは手書きの方がいいのですか？　パソコンでつくるよりいいのですか？」

答えは、「手書きの方が断然イイ」です。

パソコンで作成したPOPを悪いというわけではありません。しかし、せっかく同じ時間をかけて作成するのであれば、手書きの方がよいのです。

例えば、ラブレターを書くのにパソコンを使う人はほとんどいないでしょう。本当に気持ちを伝えたい場合、手書きで手紙を書くのです。POPも同じです。お客様はあなたが作成したPOPを通じて、商品の特性やよさを知り購入するのです。つまり、

POPは「商品の魅力をお客様に伝えるためのラブレター」なのです。

今、この本をお読みになっているあなたは、手書きPOPをつくることが「苦手！」と感じていらっしゃるのではないでしょうか？

苦手意識を持つのもよくわかります。私も、わずか5年前まで苦手でした。習字もまともに学んでいませんし、絵を描くのは本当に嫌い……学校の授業で必要に迫られない限り、絵を描くことはないほどでした。しかし、今はPOPを書くのが楽しくて仕方がないのです。その理由はひとつです。

それは、「どんなPOPでもお客様が真剣に読んでくださる」からです。

下手な字や絵でも丁寧に、そして、本当に伝えたいことを真剣に書くのです。すると、不思議なくらいお客様はＰＯＰを真剣に読んでくださります。あなたが思っているほど、お客様はＰＯＰに対して「下手だ」とか「読みづらい」などのマイナスイメージは持っていないのです。むしろ、下手でも一生懸命書いていることに共感を覚えてくれます。

しかし、手書きＰＯＰで商品が「売れる」ようになるためには、「ちょっとしたコツ」が必要です。

本書は、誰でも今すぐ手書きＰＯＰがつくれるよう、「ちょっとしたコツ」とともにＰＯＰ事例を多く掲載しています。まずは真似することからで結構ですから、どんどん書いてみていただきたいと思います。

あなたの手書きＰＯＰがお店じゅうにあふれ、お客様に喜んでいただけますように！

このような思いを込め、本書では、手書きＰＯＰ作成に必要な事項および、「売れるＰＯＰ」のポイントをまとめました。

この場を借りて、本書執筆にあたりお世話になった方々へのお礼を述べさせていただきます。同文舘出版の皆様、特に古市達彦さん・津川雅代さんには、本書の企画から編集、校正や販売のあらゆるプロセスにおいて大変お世話になりました。

実際に作成したＰＯＰを本書に掲載することを、多くの企業様が快くご承諾してくださいまして本当に感謝しております。

また、弊社船井総合研究所のコンサルタントで、直属の上司である住友勝氏、中西正人氏には、日々のコンサルティング業務を通じて手書きＰＯＰを作成する機会と多くの助言をもらいました。

最後に、弊社コンサルタントでもあり、いつも私を支えてくれている主人に心より感謝します。

２００９年５月　　出張先の熊本にて　　今野　良香

誰でもすぐにつくれる！

売れる「手書き」POPのルール　目次

3章 売れるＰＯＰのゴールデンルール

4章 女性の心をつかむ7つのルール

5章 誰でも書けるPOPのレイアウト

6章 買わせるキャッチコピーはこうつくる

7章 読ませるセリフはこうつくる

8章 少しの工夫でもっと売れる客層別のルール

9章 ＰＯＰ活用術

10章 今スグ書ける「売れるＰＯＰ」のコツ

カバーデザイン　ムーブ
本文ＤＴＰ　ライズ

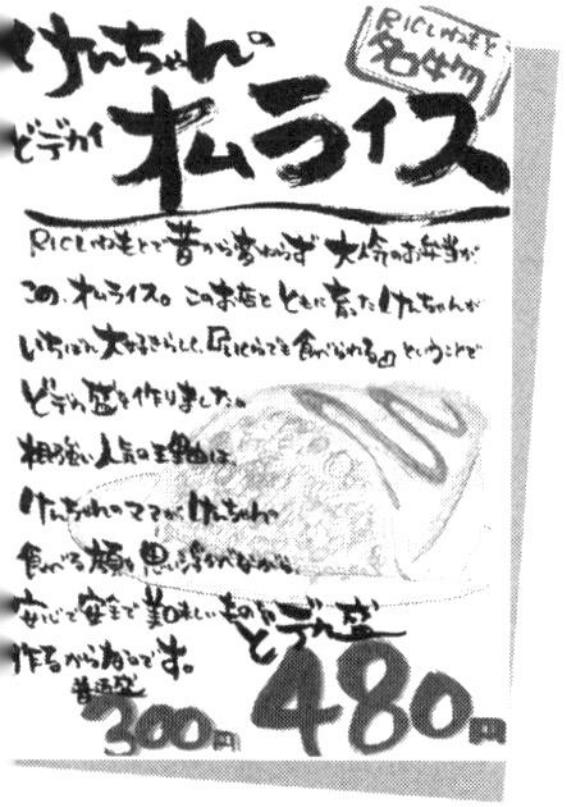

1章 知っておきたいPOPの基本

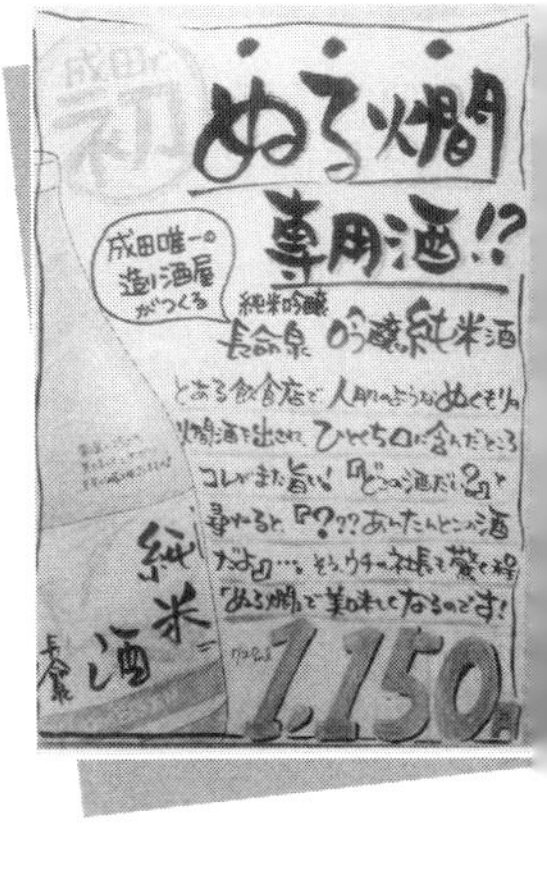

1　POP とは　～最もローコストで効果絶大～

2　時代とともに POP も変わってきた

3　「導入期」の売れる！POP

4　「成長期」の売れる！POP

5　「成熟・衰退期」の売れる！POP

Section 1

POPとは　～最もローコストで効果絶大～

POPは、Point of Purchase の略で、「購買時点広告」と訳されています。チラシなどのマス媒体が顧客を店舗に誘導する働きをするのに対し、POPは、店内販促物として直接購買に結びつける働きをします。つまり、売場と商品を持っている業種であれば、POPは購買活動に対して最も効果的な販促といえるのです。

販促物の中でも、POPは直接売場に設置したり商品に添えたりするため、店舗そのものと連動させて作成する必要があります。POPの文字や色使いひとつで、与える印象が変わってしまうためです。

例えば、まったく同じ内容のプライスカードでも、価格の部分を黒文字にするか、赤文字にするかで、お客様が感じる「安さ感」はまったく変わってきます。安さ感を与えたいのか、高級感を与えたいのか、和の雰囲気にしたいのか、モダンなイメージにしたいのかなど、店舗がお客様に伝えたいことを表現することが、POPでは可能です。そのため、店内に貼るたった1枚のPOPでさえも、経営計画や店舗の理念、売場イメージ、販促計画などと連動することが望ましいでしょう。

●POPの種類

POPには非常に多くの種類が存在します。商品名と価格のみを書いた名刺サイズの「プライスカード」や、売り出し期間中に天井から吊るす「横断幕」、商品の陳列場所を示す「案内板」も、すべてPOPに分類されます。そこで、本書では主に、商品の特長を際立たせ、購買につなげるための「売れるPOP」を中心に説明していこうと思います。

POPの利点は、その「手軽さ」にあるといえます。作成時間も費用もわずかで、自社スタッフでも作成が可能です。ただし、その手軽さゆえに安易に考えて作成してしまうのが難点でもあるのです。同じ商品でもPOPを1枚つけるだけで3倍売れることもあるほど購買に効果的な販促物であるため、少し知識を増やすだけでも店舗の売上は倍増することでしょう。

このように、POPとは、最もローコストで、かつ費用対効果が最も高い販促物なのです。

POPの種類

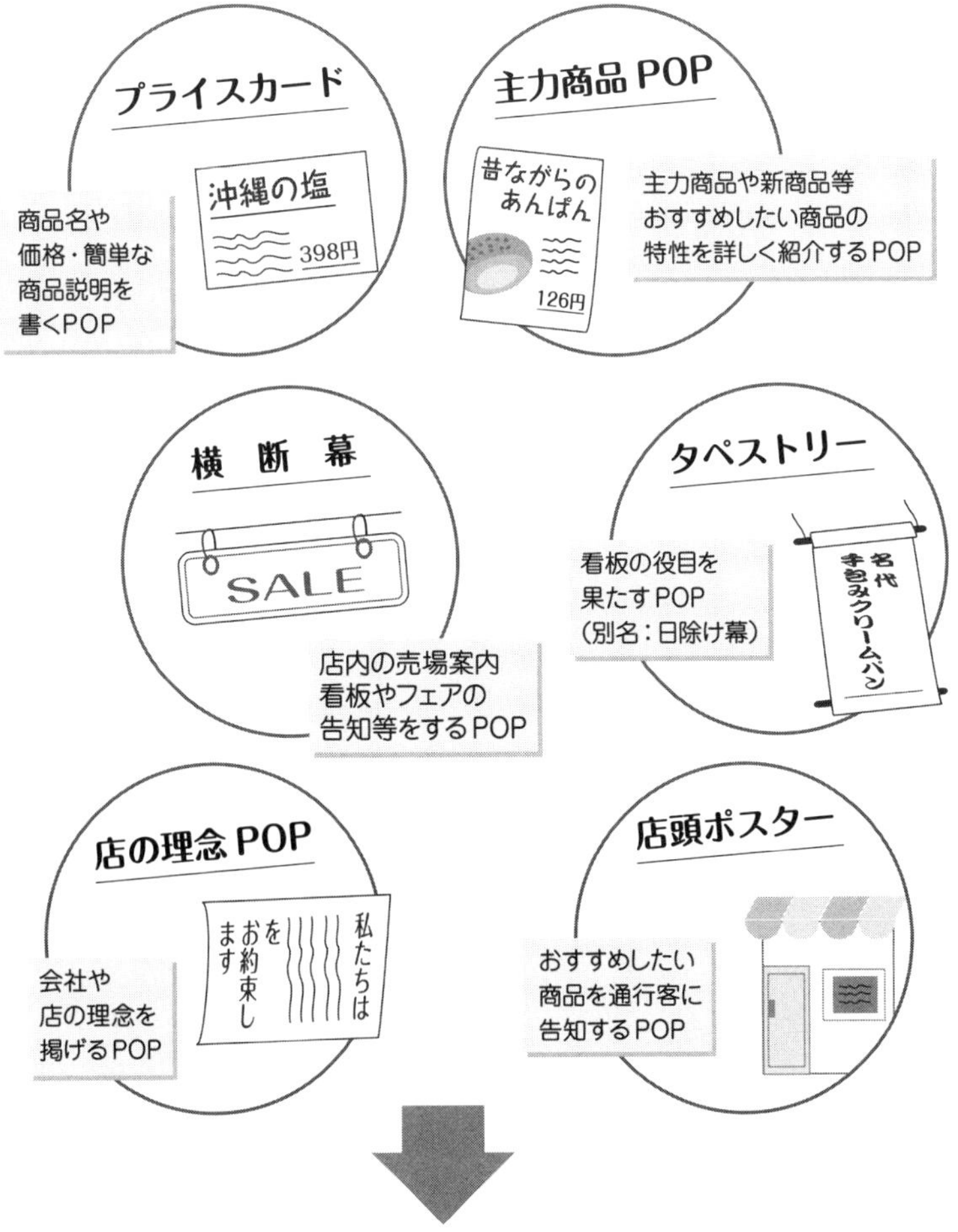

◎作成に費用がほとんどかからない
◎手軽につくれる！
◎POP１枚で商品が売れる！

超ローコストかつコストパフォーマンスの高い販促！

Section 2

時代とともにPOPも変わってきた

近年、お客様ニーズの多様化と高度化にともない、POPをはじめとする販促物も時代とともに変遷を遂げています。

モノが不足していた時代は、プライスカードすらつけずに商品を並べていれば売れていました。生活必需品が容易に手に入らなかった時代には、価格を気にして買い控えをする余裕などなかったのです。「需要>供給」の時代には、POPはほとんど必要ではありませんでした。

やがて、モノが普及しはじめると、お客様は「価格」を気にするようになります。「需要＝供給」の時代では、より安いもの（安く感じるもの）をお客様が求めるようになるのです。この時代を代表するPOPは、スーパーやドラッグストアなどで見かけることのある、黄色い紙に赤文字で価格を大きく書いてあるものなどです。最低限、商品名と価格が書いてあればよかったのです。

さらに時代が進み、同じモノを品揃える店舗が増えると、店舗面積がより広く、取扱い商品がより多い店にお客様が集中するようになります。これが「需要<供給」の時代のはじまりで、チラシの過剰投入や価格競争などが起こります。競合店が増えている間はPOPによる効果はなく、効果的な販促といえば「安売りチラシ」でした。安売りチラシで集客し、売場では安さ感を演出するPOPを掲示していればよかったのです。

●現在のPOPの役割

そして今、店舗が全国に増え、経営不振な店が次々に姿を消してきているこの時代。やっと「売れるPOP」が効果を発揮するのです。かつての安かろう悪かろうではお客様が納得せず、安くてよいもの・高くても本当によいものを求めるようになってきたのです。これが、お客様ニーズの多様化・高度化です。お客様は類似商品を特性や価格で見比べ、納得してから購入するようになります。そのため、商品名と価格のみのプライスカードは意味がなくなります。お客様を納得させるためには、その商品独自固有の長所や限定感などをPOPで表現する必要があるのです。以上のように、時代とともに売場に必要なPOPも変わるのです。

◎ライフサイクルとPOP戦略

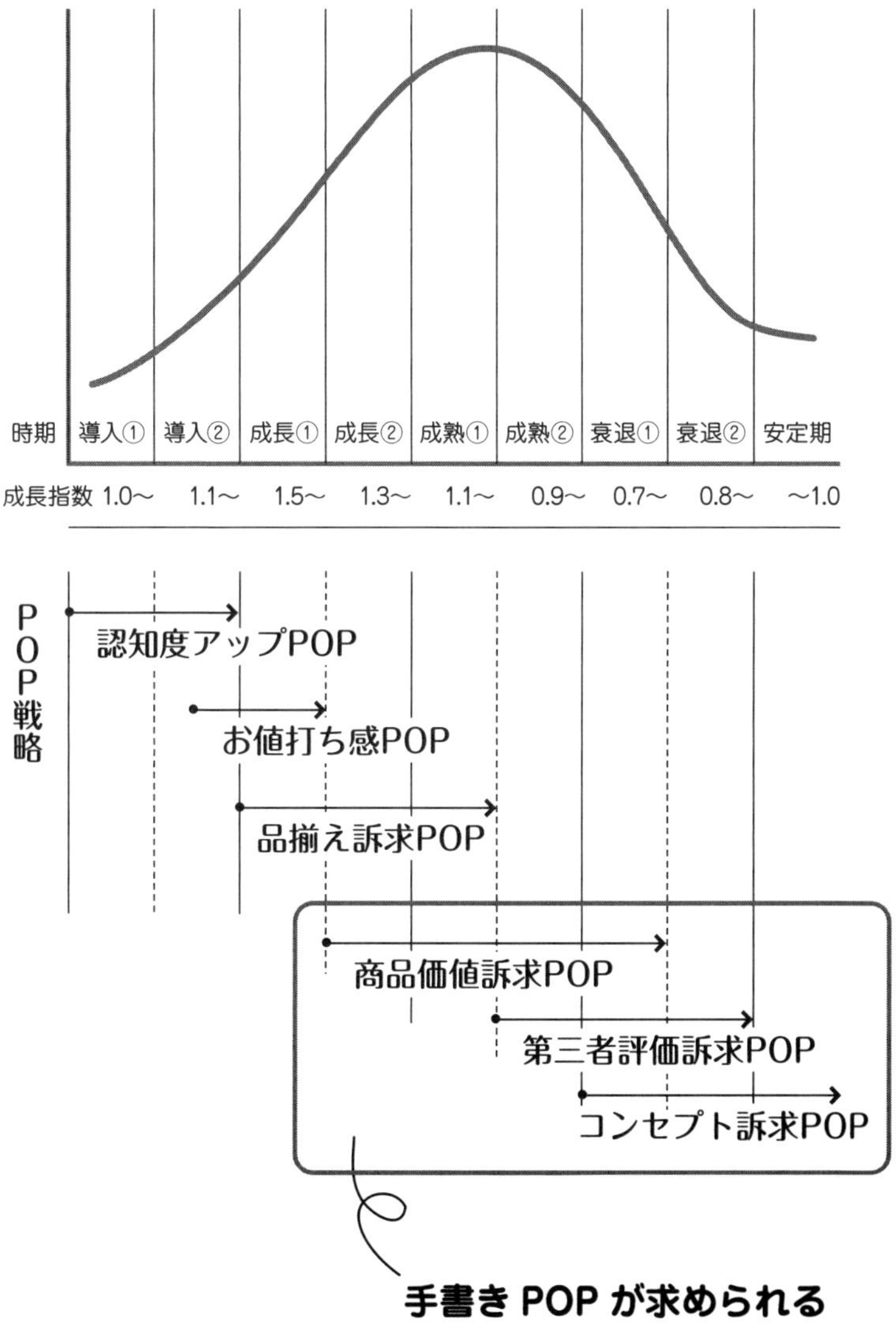

Section 3

「導入期」の売れる！ＰＯＰ

どのような業種・商品にも、人間の一生と同じように「ライフサイクル」が存在します。

ライフサイクルは大きく4つの段階に分かれ、「導入期」→「成長期」→「成熟期」→「衰退期」と推移していくとされています。業界や商品がライフサイクル上でどこに位置するかにより、お客様の心をつかむＰＯＰが変化していくことを説明しましょう。

「導入期」とは、ある商品が市場に出はじめた頃で認知度が低いために需要も低い状態のことです。お客様はその商品が自分にとって利益のあるものかどうかを判断することさえできない状況です。この時期には商品の特長が認知され共感を得るほど需要が高まるため、「認知度をアップさせるためのＰＯＰ」が有効といえます。

●まずは、商品を知ってもらうPOPを

認知度を上げるために必要なことは、その商品が店内に存在するという事実を知ってもらうことです。「導入期」には、ほとんどのお客様は商品の特長や特性などをほとんど知りません。そのため、ＰＯＰにはその商品の情報を多く盛り込むことが必要とされるのです。具体的には、ＰＯＰを見た人がすぐに認識できるようにするためのイラストや写真、特長が簡潔にわかるような商品説明。この2つの要素を強調したＰＯＰがよいでしょう。ただし、ＰＯＰに書いてある長文の商品説明だけでは、ほとんどのお客様は読まないため、商品特長を一言でいい表す「キャッチコピー」が必要となるのです。

しかし、ＰＯＰだけで認知度を上げるのは難しいため、陳列場所や陳列方法も工夫する必要があります。入口付近で商品を大量積上げ陳列することで、来店客すべての目にとまるようにするとよいでしょう。また、陳列した商品近くには、Ａ3サイズ以上の大きめのＰＯＰを、床上１２０㎝程度に設置します。こうすることで、陳列量でお客様の目をひき、目線の高さにあるＰＯＰで興味をひくのです。さらに、同じＰＯＰを新聞見開き1ページ程度の大きさに拡大コピーすることで「ポスター」化し、店舗の外から目のつく場所に設置することでも、認知度を上げることが可能となります。

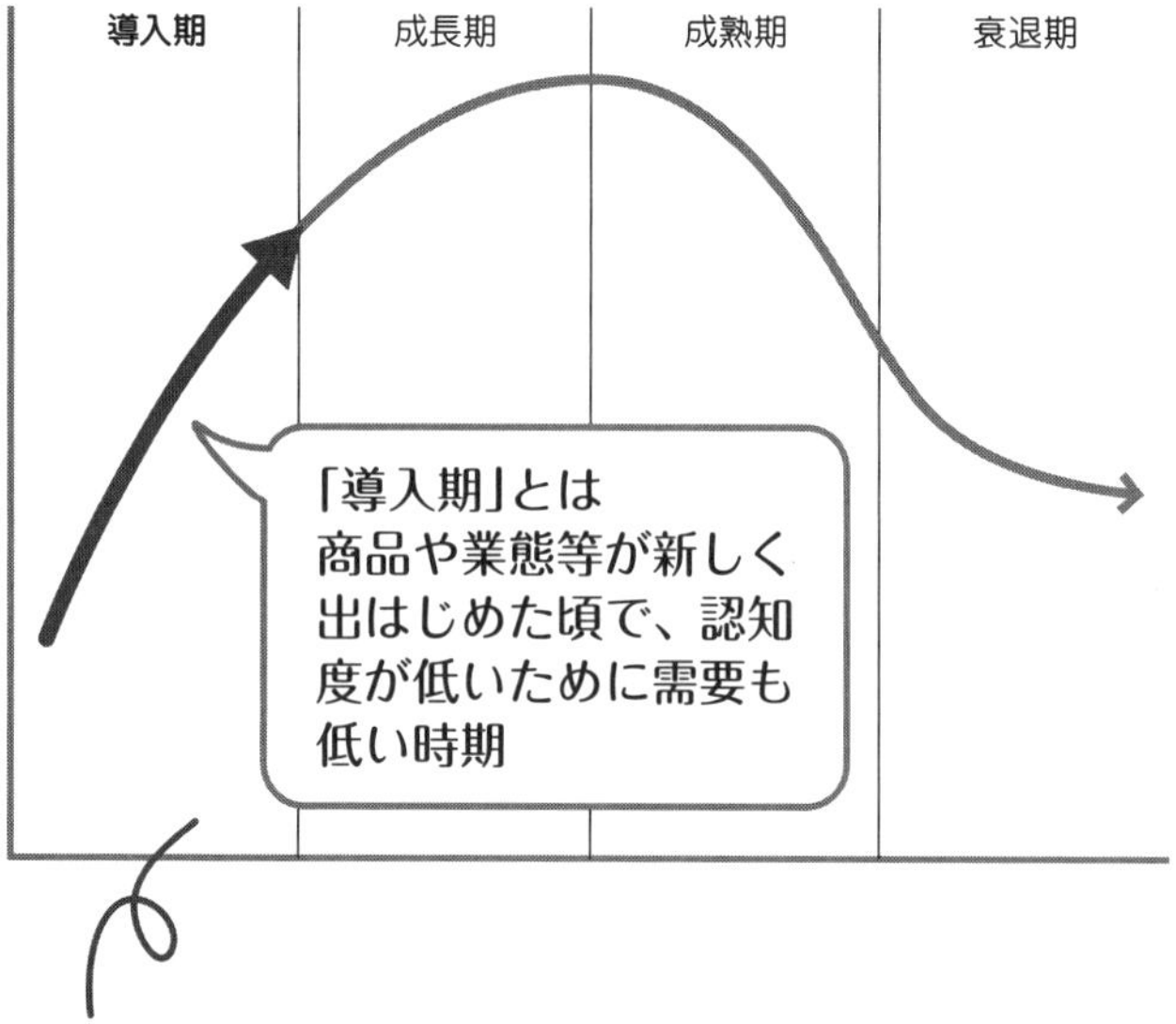
導入期
成長期
成熟期
衰退期
「導入期」とは
商品や業態等が新しく
出はじめた頃で、認知
度が低いために需要も
低い時期

◎導入期の売れるPOP

新発売
お試し
価格！
牛乳
クリームパン
150円

- まずは、「その商品を知ってもらう」ことが重要！
- POP を見て商品をイメージできるように、イラストや写真、特長を必ず書く！
- 店の入口付近に大量陳列して目立つように！

Section 4

「成長期」の売れる！ＰＯＰ

ライフサイクル上での「成長期」では、商品が認知され需要が急激に高まり、同じ商品を扱う競合店が増えることが特徴的です。さらに、需要の高まりにつれ改良された商品や型違いの商品などバリエーションが増え、選択の幅が急激に広がる時期でもあります。

そこで、「成長期」に必要になってくるのは、「攻め」の販促活動といえます。店舗や商品に対しての認知度はまだまだ伸びる時期であるため、自分の店がどのような店で、どのような品揃えで、いくらで販売しているのかなどの情報をお客様に発信していくことが必要です。よって、この時期は、店内だけで効果を発揮するＰＯＰよりも、チラシが効力を発揮するのです。

●「品揃え感」が必要

チラシを見たお客様が来店した際、店舗がチラシ内容に比べ見劣りするようでは客離れが起こります。「成長期」では、商品のアイテム幅・数・量がふくらむ時期で、お客様もより多くの種類を取り揃えている店を好むようになるため、「品揃え感」の演出が必要です。

品揃え感を演出するためには、店内の全商品にＰＯＰをつけ、商品とＰＯＰで売場を埋め尽くすようにします。船井流の即時業績向上法のひとつ、「圧縮付加法」（商品数を変えずに売場面積を圧縮し、新たな商品を追加すること）を商品だけでなく、ＰＯＰを活用して行なうのです。ただし、品揃え感だけでは、お客様はこの店で何を買っていいのか迷うため、売れ筋商品はお客様にわかりやすく見せなければなりません。そのため、強弱をつけたＰＯＰ設置が必要です。たとえば、販売数順位で、

・上位３％に入る商品にはＡ３サイズのＰＯＰ
・上位４～10％の商品にはＡ４サイズのＰＯＰ
・中間11～80％の商品にはハガキサイズのＰＯＰ
・下位10％の商品は名刺サイズのＰＯＰ

このように、大きさと書く内容量で強弱をつけるのが最も容易です。売れ筋を明確にした上での「品揃え感」の演出に成功したら、必要なのは「安さ感」。ＰＯＰの中でも価格の部分をできるだけ大きく、赤文字で書くだけで、安さ感の演出は可能になるのです。

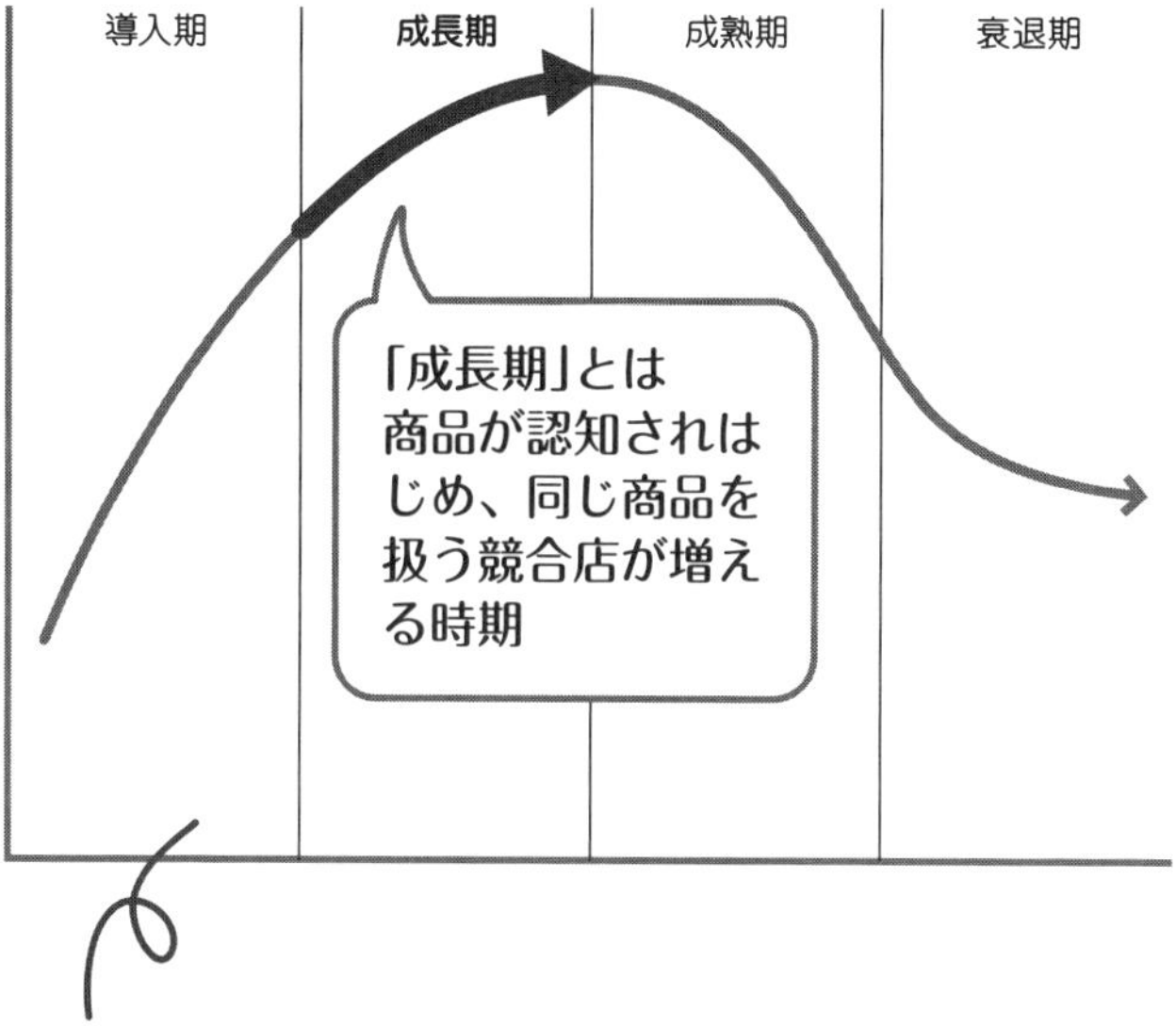

◎成長期の売れるPOP

- POPだけでなく、チラシやDMで「攻め」の販促を！
- 品揃え感の演出が必要なため、全商品にPOPをつける
- 売れている商品には大きいサイズのPOPをつけ、メリハリをつける

Section 5

「成熟・衰退期」の売れる！・POP

業界や商品の需要がピークに達すると、ライフサイクルでは「成熟期」「衰退期」を迎えます。

需要量は頭打ちとなるものの、「成熟期」ではまだ参入業者が増え続けるために競争はさらに激化します。競合企業が増えると価格競争が高まり、お客様はより安い店で買うようになります。さらに、より多くの種類をより大量に扱う店舗が支持されるために、競争が激化する以前からの地域1番店か、大手企業が経営する店舗しか残れなくなってくる時期なのです。その間に需要量も減り、業界は「衰退期」へと向かっていくのです。

この時期より、需要が低くなるため、商品を陳列しているだけでは売れなくなります。また、お客様も商品の情報を持ち、類似商品と比較し価格に対する価値がより高い商品を選ぶようになるため、「価値」を全面に訴求するPOPが必要となるのです。

●効果的なPOPとは

「価値」を訴求するために効果的なコメントとして代表的なものは、

・芸能人や著名人が絶賛、お取り寄せ
・ネットランキングで1位を獲得
・マスコミで紹介された実績

などがあげられます。このようなコメントの共通点としては、価値の高さを表現するために「第三者意見」を採用します。成熟したお客様知識に対抗するには、商品を売る側自らが価値を伝えるだけでは力不足なのです。

POPを使用して価値を伝える場合、第三者意見や受賞歴、マスコミに紹介された実績などを簡潔な言葉で「キャッチコピー」とするのが効果的です。価値を全面に訴求するため、このキャッチコピーにはPOP紙面の4分の1以上の面積を割き、赤や黄色など視認性の高い色を使用することで、第一印象でインパクトを与えることができます。さらに、お客様の目をとめ、他店との差別化を図るためにも、スタッフの手書きPOPがより親近感を与え、お客様と店の距離を近づけるのです。スタッフの商品知識を高めて共感を得ることで、接客力が強化することにもなり、人材育成にも一役買うのです。

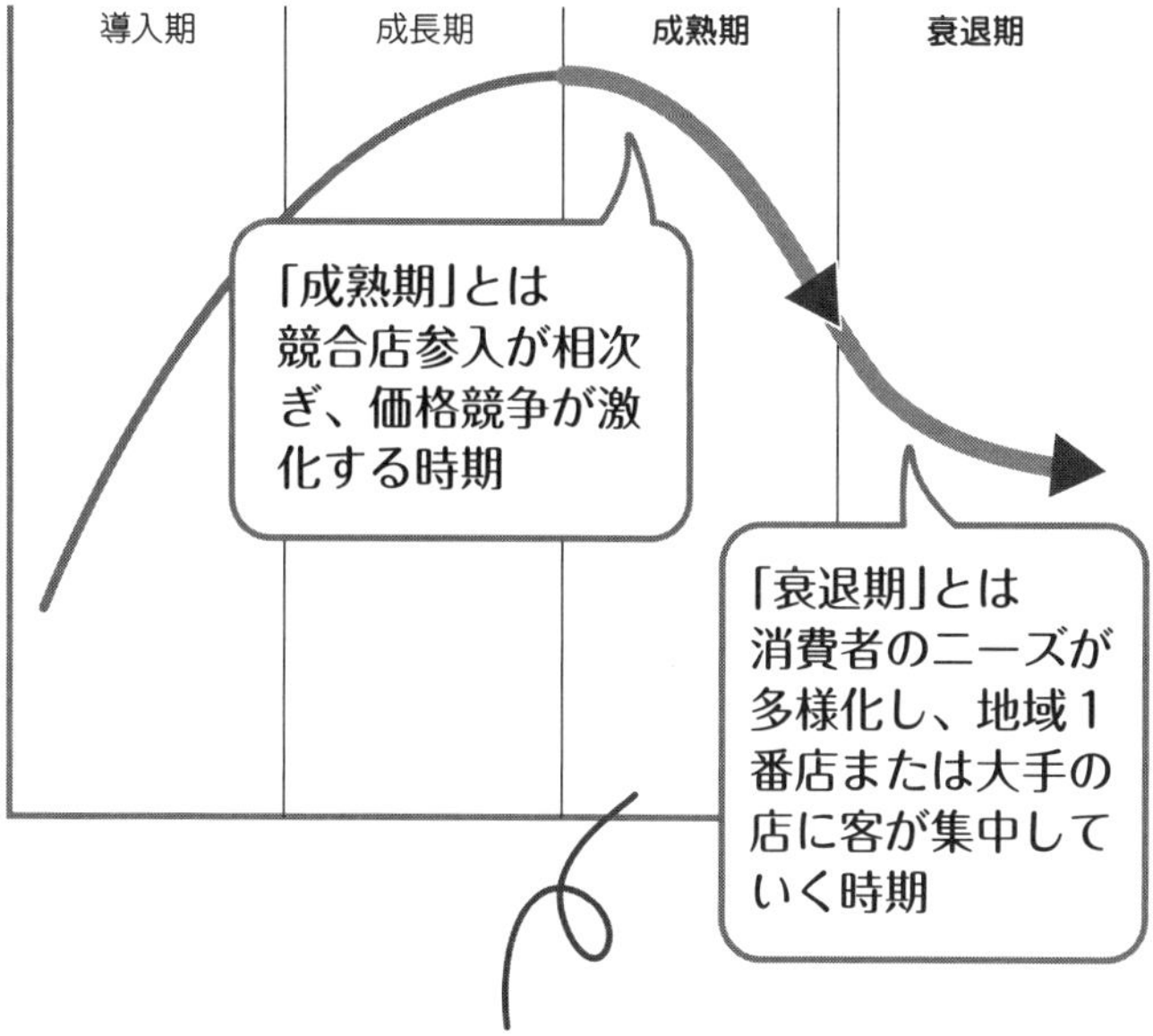

◎成熟期・衰退期の売れるPOP

- 第三者評価を利用して、価値の高さを表現する

- 芸能人、著名人がお取り寄せ
- ネットランキングで1位を獲得
- マスコミで紹介された実績など

2章 POPの種類と役割

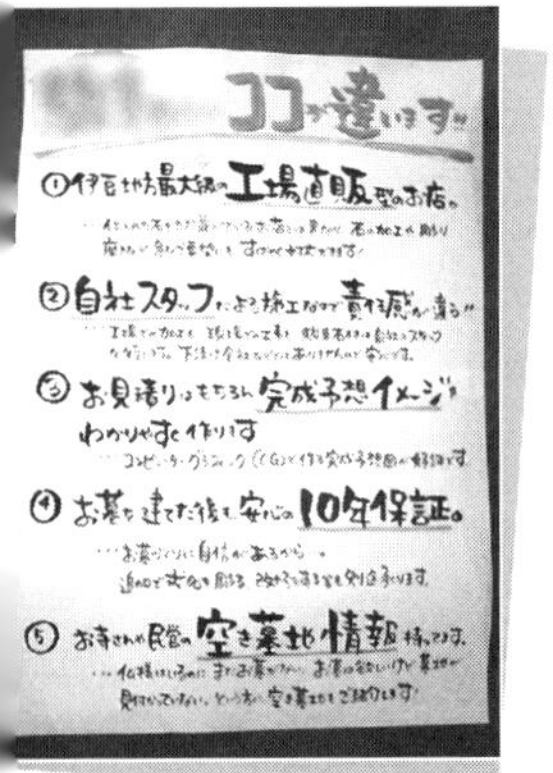

1　POPの種類
2　お客様を呼ぶ「看板POP」
3　1番の売れ筋商品につける「主力商品POP」
4　売上上位10%内の準主力商品には「中型POP」
5　「プライスカード」もPOPです
6　購買意欲をそそる「ランキングPOP」
7　いいたいことを端的に伝える「アイキャッチPOP」
8　理念を伝える「コンセプトPOP」
9　店のブランド価値をアップする「イメージPOP」
10　安心感を訴求する「スタッフ紹介POP」

Section 1

POPの種類

お店で使うPOPは、大きく3つの種類に分類できます。

●最も身近なPOP「プライスカード」

商品の一つひとつにプライスカードがなければ、お客様は店員に価格を聞くまで購入を検討することさえできません。よって、店内にあるすべての商品にプライスカードを設置する必要があるのです。

このPOPには、商品特性を端的に説明する役割もあります。商品を持つ業種（小売店）であれば絶対に欠かすことのできないPOPといえます。

●売上アップに直接貢献する「売れるPOP」

お客様は「モノ」を買うのではなく、「モノ」を通じて得られる効果・作用・満足感などの「価値」を買う時代になってきました。そのため店舗でのPOPの最も重要な役割は、商品の価値や作用、満足感などを訴求することなのです。

そこで必要なのが、商品特性を詳しく説明しお客様の欲望をかきたてる「売れるPOP」です。プライスカードとの大きな違いは、そのPOPを読むだけで商品が売れるか否か、という点でしょう。

商品を効果的に売るためには、ある特定の商品に絞り、他の商品と対比させるほど売上アップに貢献できるため、POPの大きさや枚数などに変化をつけることが必要となるのです。

●店舗のブランド価値をアップさせるPOP

POPとは、価格や商品の説明を詳しく書いたものだけではありません。店舗のイメージアップの役割を果たすもの（主にポスターのような大きいPOP）もあるのです。

会社や店舗の理念・大切にしていることなどを書いてPOPにすることで、ブランド価値をアップさせることができます。このPOPは商品を売るためのものではないため、特定の商品に限定することなくイメージだけを伝えることがポイントとなります。

本書では、それぞれのPOPの書き方を説明していきます。

ランキングPOP（A3サイズ）

空間を埋めるため
天井からPOPを
吊り下げる

準主力商品POP（A4サイズ）

上位10品に設置する

今日のおすすめ商品のPOP（A5サイズ）

主力商品POP（A3サイズ）

どの商品のPOPよりも
大きく、枚数多く設置

プライスカード（名刺サイズ）

一般の商品に設置

Section 2

お客様を呼ぶ「看板POP」

●遠くからもわかる看板POP

一般に「POP」というと、商品の魅力を説明し購買意欲を高めるための、チラシ程度の大きさの紙と思う人が多いでしょうが、大きな範囲でとらえれば、看板もPOPの一種といえます。

看板とは、そのお店が何屋さんなのかをお客様に伝えるためのものですから、遠くから認識できるように大きいものを設置する必要があります。また、屋外に設置するものは雨風にさらされることを考え、耐久性の高い素材でつくることも必要ですから、看板は1枚でも高額な費用が発生しがちです。ですから、専門の業者に依頼しないと設置できないような看板以外は、できる限り手づくりすることを私はおすすめしています。

●自分でつくる看板POP

例えば、左ページ上の写真は、ホームセンターで購入した木板に、習字用の筆で文字を書き、蝶番《ちょうつがい》でA型看板に仕上げたものです。この看板は、店前通行客の入店を促進するためのものなので、通行客の目線の高さである120～150センチのところに、看板の最初の一文字がくるように作成しています。この看板にかかった経費は、木板や金具を合計しても約2500円。この程度であれば、季節ごとに差し替えたり新調したりすることが気軽に行なえるのです。

また、ガラス面が多い店舗であれば、新聞紙大のPOPを店内から外に見えるように貼りつければ、こちらも看板の代わりになります。店の主力商品のPOPを拡大コピーして貼りつければ、そのお店で何を売っているのかを訴求することが可能になります。

左ページ下の写真は、同じ要領で布に主力商品名を書いて掲げた「タペストリー」です。先に紹介したA型看板とは違い、遠くからでも目立つのが特徴です。こちらは制作から設置まで費用は5万円程度ですが、費用対効果は抜群といえるでしょう。

以上のように、POPの大きさや書く内容に変化をつけることで、看板の役割を果たすことも可能になるのです。

看板商品ならぬ「看板娘」を等身大POPにすることで、遠くからも目立つ看板の役割を果たしている

名物商品のクリームパンをそのまま看板に出していることで、遠くからでもパン屋であることがわかる

Section 3

1番の売れ筋商品につける「主力商品POP」

●お店を印象づける主力POP

売場づくりとPOPを改善するだけで、主力商品の販売個数は飛躍的に伸びます。ポイントは、以下の3つです。

①入口からすぐの場所で、お客様に主力商品の第一印象づけを行なう

②主力商品はPOPも「1番」に（大きさ、枚数、取つけ位置）

③POP以外の販促物や接客などでも、主力商品のアピールを同時に積極的に行なう

即時業績向上のためには、①が最も重要となります。入口から見える店内の風景で、お客様は入店するか否かを無意識に判断しているからです。そのため、入口から見える一等立地に、主力商品と多くのPOPを掲示するとよいでしょう。中でも、主力商品のPOPは、他商品のものよりもサイズをひと回り大きく、枚数も増やし目立たせると効果的です。A4～A3サイズ程度の大きさは必要です。こうすることで、一等立地に陳列された主力商品の販売個数は伸び、つられて店全体の活性化にもつながるのです。

このように、その店の「名物」となる主力商品をPOPで大々的にアピールすることにより、お客様にはこの店舗が「何屋さんなのか」を印象づけることができます。

●主力商品POPの紙面構成

主力商品のPOPは、内容も魅力的である必要があります。商品説明を長々と書いても「要は何がいいたいのか」が明確でなければ、お客様はPOPを読みません。お客様の足をとめるには、紙面のどこに何をどのくらいの大きさで書くかの「レイアウト」が重要になります。そのポイントは以下の4つです。

①キャッチフレーズ　紙面の1／4程度

②価格　紙面の1／4程度

③商品名　紙面の1／6程度

④説明文　紙面の1／3程度

さらにイラストや写真を入れると、どの商品のPOPか認識しやすくなる他、商品の特長がより伝わるようになるのです。

主力商品（写真左前のワイン）には、新聞紙大の吊り下げ POP をはじめ、大きさも枚数も「1番」に

主力商品そのものを、お客様の最も目につく場所に陳列し、POP とともに接客でおすすめする

Section 4

売上上位10%内の準主力商品には「中型POP」

主力商品には大型のPOPを設置する重要性は、前項で述べた通りです。では、主力商品以外にはどのようなPOPを設置すればよいのでしょうか。

●準主力商品を探す

先述した「主力商品」とは、お店の顔となる商品のことですから、多くの場合は1アイテムのみとなります。しかし、店舗売上の80%を占めるのは、上位20%の商品アイテムによる売上といわれています。つまり、店内に100アイテムあるとすれば、上位20アイテムで売上の80%が構成されているのです（これを「20対80の法則」といいます）。ですから主力商品以外の19商品をないがしろにするわけにはいかないのです。

特に売上貢献度の高い商品は売上上位10%程度です。これらの商品を本書では「準主力商品」と呼ぶことにします。

●準主力商品のPOPをつくる

これら準主力商品には、主力商品POPよりは小さく、他商品よりも目立つサイズのPOPを設置するとよいでしょう。つまり主力商品POPをA3サイズにした場合は、その半分のA4～B5サイズ（ノート片面の大きさ）程度がよいでしょう。そして、他の下位商品はプライスカードのみの設置にすれば、主力商品と準主力商品が店内で目立つようになるのです。

主力商品は、店に入ってすぐの場所で陳列するとよいですが、準主力商品まで売場の前面に陳列してしまうと、お客様が他の商品を見ながら店内を回る〝回遊性〟が失われてしまいます。そのため、準主力商品については商品カテゴリーごとに陳列された棚のエンド（陳列面の両端）や、ゴールデンゾーン（床上90～120センチ）に陳列します。こうすることで、各カテゴリーの売れ筋商品が売場全体に陳列されることにより、お客様の店内回遊性が高まるのです。

POPは書く内容も重要ですが、大きさや設置枚数などで「強弱をつける」ことが売上の変化に大きく寄与してきます。主力商品には大型POPを、準主力商品には中型POPを、メリハリをつけて設置してみましょう。

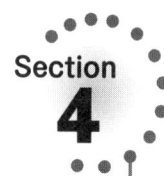

主力商品には
A4サイズ以上の
POPを数枚設置する

準主力商品POPは、
主力商品POPの
半分程度のサイズとする

主力商品には A4 サイズの POP を貼る場合、準主力商品はその半分の A5 サイズの POP を設置することで、メリハリをつける

Section 5

「プライスカード」もPOPです

小売店であれば必ず見かけるPOPが「プライスカード」でしょう。商品名と価格だけのものから使用している原材料や使用方法などが詳しく書かれたものまでありますが、その大きさは名刺サイズ～ハガキサイズと、店内にあるPOPとしては最小のPOPになります。

●プライスカードを活用する

プライスカードの役割は、お客様が商品を買うときに、その商品の特性や特長、価格などをわかりやすく示すことです。しかし、プライスカードをPOPの一部と認識していないためか、商品名と価格しか書いていないお店が多数あるように思います。一般的に知られている商品や購買頻度の高い商品のプライスカードはこれでも十分です。しかし、一つひとつの商品に、丁寧に特長などが書かれたプライスカードが設置されていれば、「親切なお店」「熱心なお店」という印象を与えるのです。小さなPOPですが、お店の姿勢まで表せるものでもあるのです。

●プライスカードの内容

プライスカードに書くべき内容は以下の5つです。

① 商品名
② 価格
③ 容量
④ 特性や特長（商品説明）
⑤ 注意点（アレルギー表示、使用上の注意など）

5つの条件のうち、①商品名と②価格が記載されていないものは問題外です。お客様が商品を購入する上で最低限知らせるべき情報です。

③は1袋内のグラム数や個数など、見ただけではわからない場合に必須項目となります。④はお客様が商品を比較し購入できるようにするためにも、また、商品の魅力を端的に紹介し購買率を上げるためにも書くとよいでしょう。⑤は使用しているアレルギー素材や使用時の注意点など、知らせるべき内容を説明文として書くのではなく、目立つように記入しておくとよいでしょう。

以上のように、プライスカードは商品を効果的に販売するためのPOPで、「設置していればいい」というものではないのです。ひと工夫加えてみるとよいでしょう。

主力・準主力商品以外にも、最低限、名刺サイズのプライスカードは必要。中でもおすすめしたい商品には、ハガキサイズでプライスカードを設置する

手づくり感や田舎らしさを演出したプライスカード。ダンボールに筆で手書きする

Section 6

購買意欲をそそる「ランキングPOP」

●他人用の商品の購入に迷ったお客様へ

プレゼントや土産物を買う際、何を買ってよいのか迷った経験はありませんか？　また、店員に「おすすめは何？」と聞いた経験はないでしょうか？

日常的に利用するものや自分で身につけるものであれば、自身に合うものを購入すればいいのですが、他人のものとなるとそうはいかないものです。実際に私が学生の頃、ベビー用から大人用まで取り扱うアパレルショップでアルバイトをしていたときのことですが、「孫にプレゼントを考えているんだけど、何が人気？」とお客様から聞かれたことを覚えています。おそらく「人気商品＝プレゼントしても間違いのない商品」というイメージなのでしょう。

しかし、お客様が直接店員に聞きにくる場面は、そう多くはないのが現状です。店員が他のお客様を接客していたりして、聞きたくても聞けない人がたくさんいるのです。そのような人を含め、すべてのお客様のお買い物をPOPで少しだけお手伝いができるのが、「ランキングPOP」なのです。

●ランキングPOP作成のポイント

ランキングPOP作成のポイントは以下の通りです。

① 会社や店舗の信頼性を保つため真実を書く
② 1位～5位、または10位までのランキングにする
③ 上位商品は、商品のフェイス（陳列面）数を増やし、商品説明POPをつける

また、ランキングに記載されている個々の商品には、「1位」「2位」……などの小型POPをつけることで、ランキングPOPを見逃したお客様にも注目していただくことが可能になります。店舗に陳列されている商品を、テーマや種類ごとに分類し、「●●部門第1位」などというPOPを設置すると、お客様の買い物も楽しくなります。

このように、ランキングPOPは先述の通り、お客様に「人気商品＝買って間違いのない商品」、つまり第三者評価の高い商品という印象を与え、商品価値を上げることにつながるのです。

人気商品をランキングにすることで、より主力・準主力商品に人気が集中する。じっくり読んでもらえるよう、目線の高さに設置する

ランキングをまとめたPOPの他、該当商品には写真のような手のひらサイズのPOPを設置することで、わかりやすい売場になる

Section 7

いいたいことを端的に伝える「アイキャッチPOP」

●一言キャッチをうたうPOP

スーパーマーケットの惣菜コーナーや菓子・パン店舗においては、お客様の購買意欲は「おいしさ感」「新鮮感」「できたて感」などによって増進するものです。しかし、いくらできたてアツアツの商品を陳列していても、それを表現しなければお客様の心を動かすことはできません。そこで、よく使用されるのが「ただいま　できたて」など、プライスカード付近に別途設置するような小型のPOPなのです。

このPOPは、これまで説明したようなPOP作成の複雑なルールはなく、最も伝えたいことを端的に表すようにするため、「できたて」「新商品」「おすすめ」など、キャッチフレーズとして1語で表したものが望ましいといえます。「できたて」「新商品」などの情報のように、プライスカードや商品説明POPに常時書いておけない内容は、このPOPを使用すると効果的です。また、常に目にするプライスカードの近辺に、補助的に設置することで、よりお客様の目をひくことが可能となります。

内容を読ませるPOPではないため、色使いや雰囲気、キャッチフレーズのコピーなどで目立つことを重要視すればよいでしょう。キャッチフレーズはターゲットが明確になるほど注目をひきやすく、例えば「女性におすすめ」「お土産に最適」「お子様に人気」など、簡単なもので十分です。この補助POPを見たお客様が「自分のことだ」と認識できればよいのです。

アイキャッチPOPとして効果的なフレーズの例をあげると、

・できたて（焼きたて、揚げたて）
・新商品、新発売
・限定（季節、期間、個数など）
・店長のおすすめ
・お子様に（卵不使用、栄養満点など）
・人気ランキング

これらのアイキャッチPOP作成の際には、その商品を購入・利用するターゲット像を想像し、その客層に合わせた色・文句・形にするとより効果的なPOPとなります。

「焼きたて」「できたて」等の一言だけを POP にすることでおいしさ感が倍増する

お客様の注目をひくよう、赤の矢印型の POP で「おすすめ」を訴求する

Section 8

理念を伝える「コンセプトPOP」

多くの企業には「経営理念」や「行動指針」など、全従業員のベクトルを合わせるための指標があると思います。経営に関すること、社員としての行動に関すること、お客様に関することなどさまざまですが、それを職場に掲示している会社も多いのではないでしょうか。掲示する理由としては、全従業員がいつでも見られるようにすることで、会社の目指す方向を常に意識させるようにするためです。

●お店のコンセプトを掲げよう

さて、店舗経営にも軸、「コンセプト」が存在します。お客様に対してどのような商品・サービスを提供するのか、どのようなお店でありたいのか等、店舗の存在意義を表すものです。これは、従業員が常に目指す内容でもありますが、お客様に対しての「宣言」ともいえます。しかし、その「宣言」を掲げている店舗はほとんどありません。

そこで、お客様に対して誓う内容を「コンセプトPOP」としてまとめ、店内に掲示します。すると、お客様には「なんとなくよいお店だな」「このお店を利用し続けたいな」と、店に対してよいイメージを与えられるのです。

さらに、お客様に対し公言した以上、従業員は必ず守らなければなりません。人材育成の意味でも役立つのです。公言したコンセプトを守れているかどうかは、従業員でなくお客様に判断していただきましょう。その方法として、お客様アンケートを実施してみましょう。

私たち●●のコンセプトは、
1. 自分たちが納得できる商品を提供します
2. 明るく元気な声でお客様をお迎えします
3. よいものを適正な価格で提供します
の3点ですが、守れているか否かをご判断いただきたいのです！　よろしくお願いいたします。

そして、それぞれの項目に対し、選択式の3～5段階評価で記入いただけるようにすればよいのです。

店舗経営は、お客様と従業員、どちらが欠けてしまっても成り立ちません。それぞれに対し、よいと思うことは今すぐ実践するべきです。

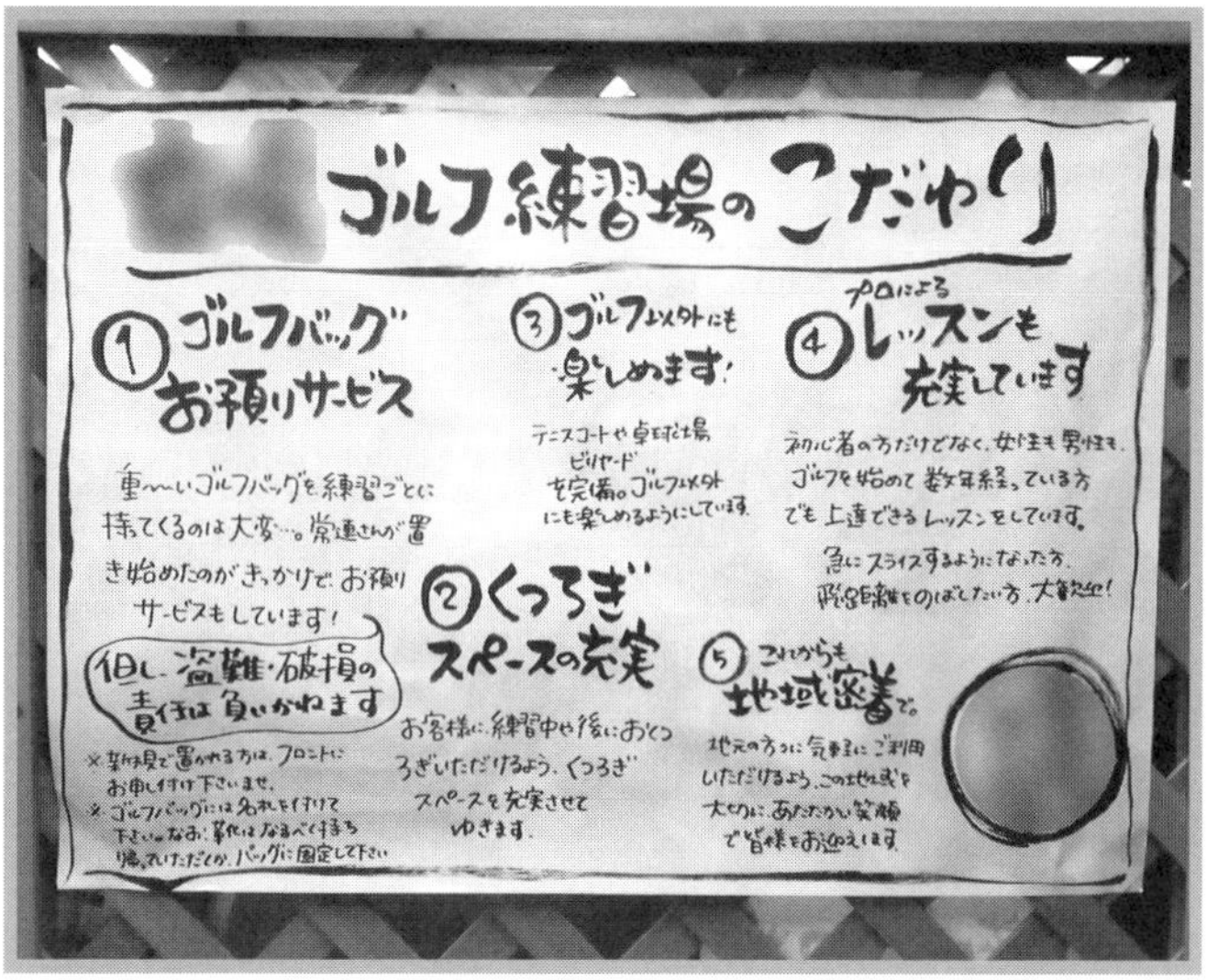

自社のこだわりや理念を簡潔にまとめ、お客様によさを理解していただけるようにPOPを設置する

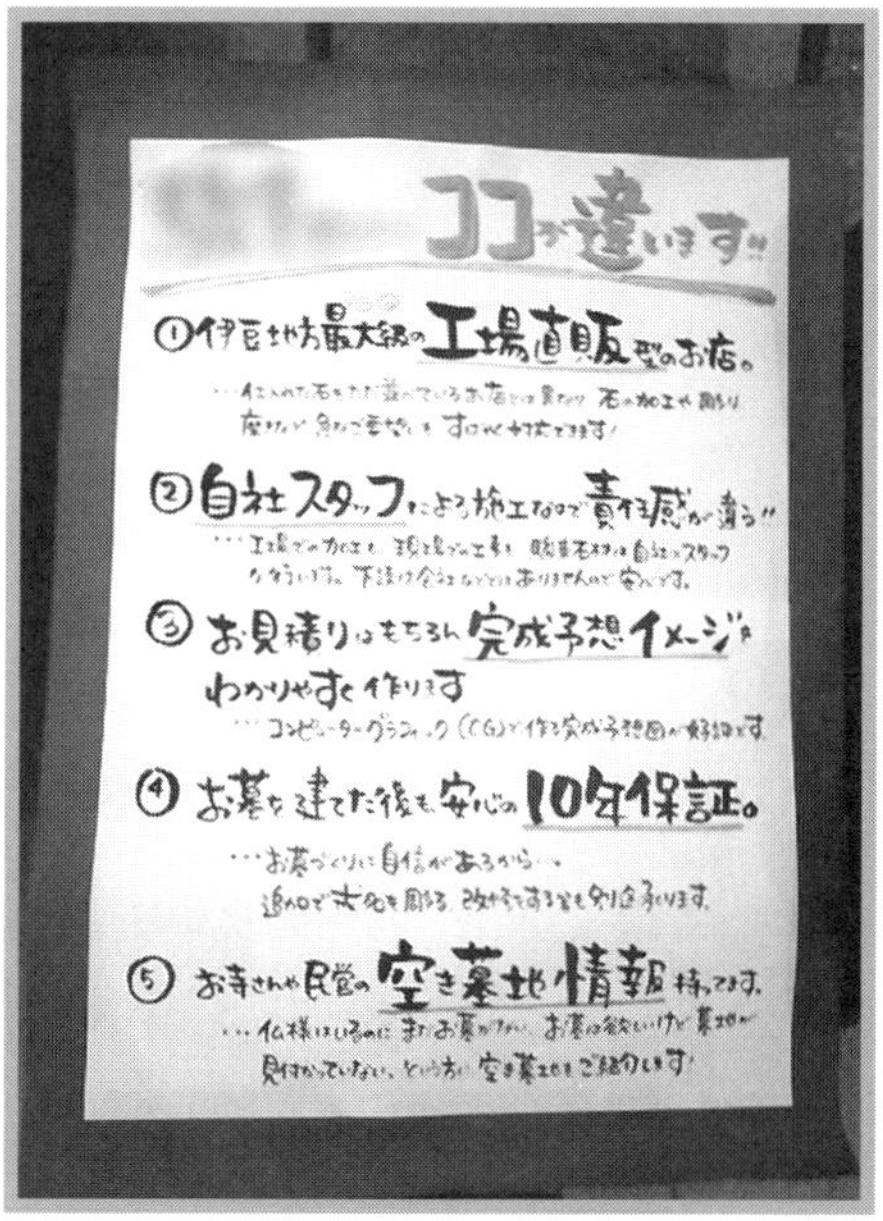

できる限り専門用語を使わず、わかりやすく簡潔にまとめることで、お客様の目にとまりやすくすることができる

Section 9

店のブランド価値をアップする「イメージPOP」

●ストアロイヤルティを上げよう

どの業種においても、年々他店との差別化は難しくなっています。そのような中、同業他店との違いが最も表れやすいのが、会社・店舗の理念やコンセプト、歴史など「ストアロイヤルティ」です。

「ストアロイヤルティ」とは、店に対する忠誠心、あこがれを意味します。ロイヤルティを上げるためには、他社にはない商品や新しい商品を提供するだけでは不十分で、サービス・店舗環境・販売促進などでも顧客の心をひきつけるような仕掛けをする必要があります。

ストアロイヤルティを店舗で表現するには、お客様から直接見える場所でPOPとして掲示するとよいでしょう。そうすると、少しずつお客様に浸透していき、会社や店舗の考えに共感できるお客様が定着していく……という仕組みです。全国でも繁盛している店舗は、そのストアロイヤルティを明確にお客様に訴求できていて、それに共感したり好感を持ったりするお客様を確実に固定客化している例が多く存在します。

●「イメージPOP」の作成のポイント

コンセプトを伝えるPOPの作成は、以下のポイントに注意するとよいでしょう。

① 場所……レジ前や入口等、お客様が必ず足をとめて見る場所に掲示

② 大きさ……店舗の中で1番大きいPOP（ボード）にする

③ 質……店舗のコンセプトや内装に合う素材で、ボードやタペストリー（垂れ幕）などで作成する

また、言葉ではなく写真やイラストで、間接的に表現する方法もあります。「信頼」や「安心」「安全」などの要素は、自分自身で話したり、活字で表現したりした途端、なぜか嘘のように聞こえてしまうものなのです。よって、写真やイラストなどで間接的に伝え、お客様個人の感覚で感じ取っていただくのがベストといえるかもしれません。

このPOPは、すぐに売上に貢献する「売れるPOP」ではありませんが、店舗の価値を高め近い将来の売上に貢献する「ジワジワ型」のPOPといえます。

歴史が感じられる写真を使用することで、多くを語らずとも、その会社のブランド価値を高めることができる

会社が大切にしている理念を書いたPOPは、すべてのお客様が目にする場所に設置する。上の例は、レジ付近に設置している

Section 10

安心感を訴求する「スタッフ紹介POP」

●お客様との距離を縮めるPOP

地域密着型の店舗で効果を発揮するのが、スタッフを紹介するPOPです。地域密着型の店舗では、ストアロイヤルティや商品力はもちろん、お客様とスタッフの人間関係の構築が、その後の固定客化につながるケースも多く見られるためです。しかし、不特定多数のお客様とプライベートな会話ができるような接客力の高いスタッフはそう多くはありません。そのため、「スタッフ紹介POP」を活用することで、お客様にまずは自分の店のことを知っていただくようにするのです。

同時に、このPOPを設置することにより、スタッフからお客様への一言を発しやすくする効果もあります。ときにはお客様からスタッフに対してお声をかけてもらえることもあるでしょう。つまりは、お客様と仲よくなるための第一歩になり得るPOPなのです。

●「スタッフ紹介POP」作成のポイント

スタッフ紹介POPを作成するポイントは、次の5つです。

①スタッフの名前（または愛称）……女性の場合は特に、フルネームは避けた方がよい
②趣味や好きなこと……同じような趣味をお持ちのお客様がいらした場合、声をかけてもらいやすくなる
③おすすめ商品やサービス……一番商品の定着化を促すことができる
④なぜ、この仕事をしているのか……ときに、共感できるお客様がスタッフ募集の際に応募してくることも少なくない
⑤その他、お客様に伝えたいこと等

基本的にどのような業種・業態でも効果がありますが、地域密着型の店舗においては、お客様と店員の人間的なつながりによって固定客化することが多いため、関係づくりのきっかけとなりやすいでしょう。

さらに、お客様にとっても、売っている人やつくっている人の顔が見えるのは、安心感につながります。会社・店舗としての自信を表現するためにも、このようなPOPを設置することをおすすめします。

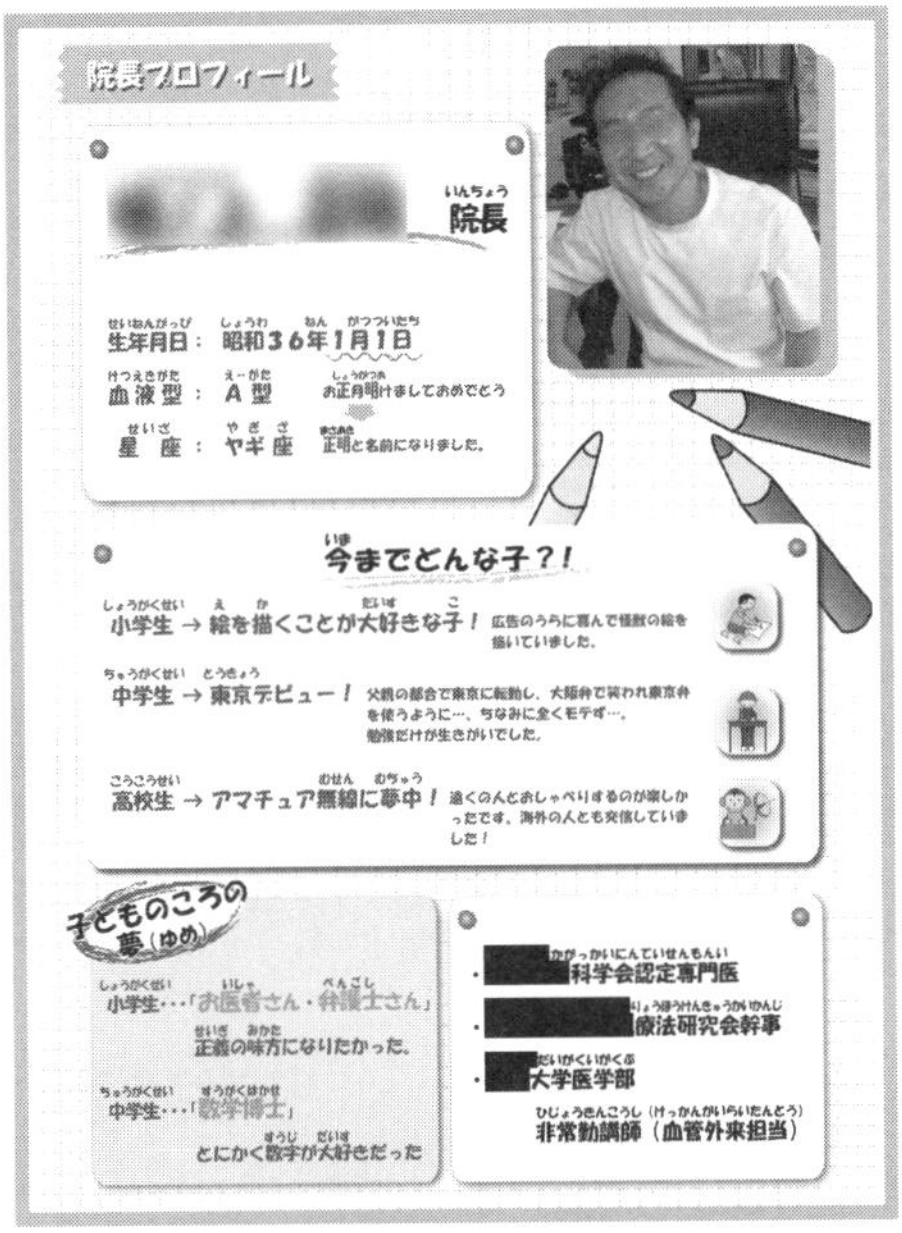

安心感、信頼感が重要な医師は、「笑顔」を見せたり、プライベート（趣味など）を書いたりすることで、親近感を与えることもできる

おそうざいをつくる人の顔を出すことで、安心感を与えることができる。さらに、あたたかみを出すために、手書きにするとよい

3章 売れるPOPのゴールデンルール

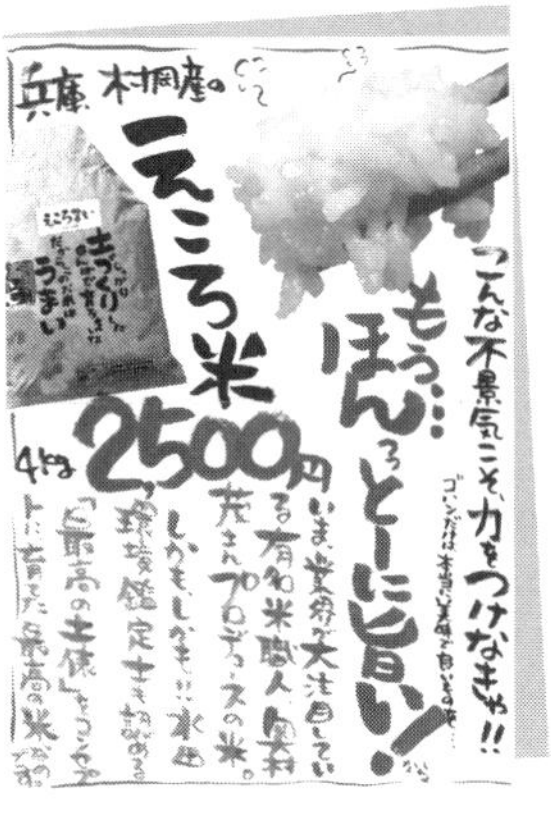
こんな不景気こそ、力をつけなきゃ!!
もう…ほんっとーに旨い!
2500円

窯出し
でかメロン!!
189円

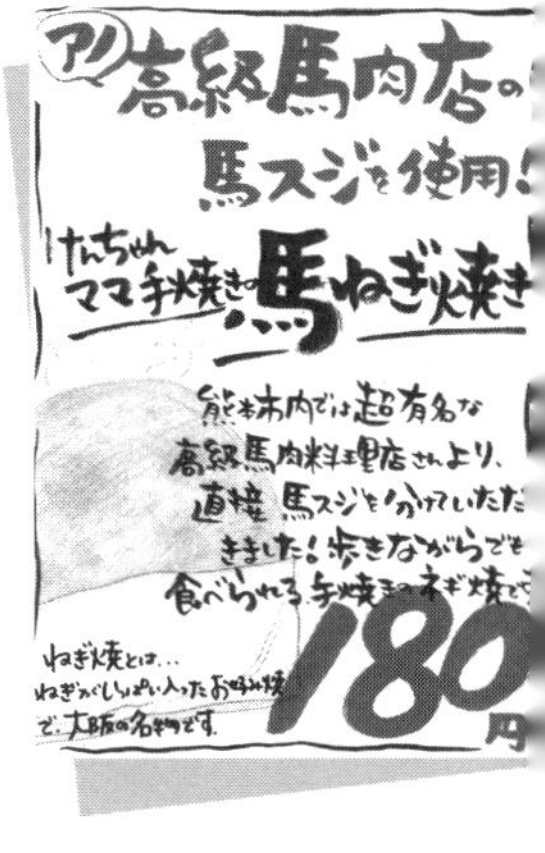
高級馬肉店の
馬スジを使用!
馬ねぎ焼き
180円

Section 1

一番商品がなければPOPは無意味になる

　店内にはあらゆる商品が陳列されています。店側とすれば、すべての商品が売れてほしいと思いますが、売りたいからといってすべての商品にPOPをつけてしまっては、メリハリがなくなります。すると、お客様はどの商品を買ってよいのか迷ってしまい、目的を持って来店することが減ってしまうのです。つまり、どこにでもある店というレッテルを貼られてしまうのです。

　では、どのような商品にPOPをつけると効果的かというと、どのお店にもある「1番売れる」商品なのです。自店に一番商品がない場合は、「店の顔」が不明確である証拠ですから、今後、競合店が出現したときに負ける可能性が高いことになるので注意が必要です。

●一番商品にこそPOPをつけよう

　それでは「1番売れている」という意味について考えてみましょう。これは、自店のすべての商品の中で最も「お客様に支持されている」商品といえます。つまり、お客様は「一番商品」を求めて来店している可能性が高いのです。

　ニーズの高い商品ほど、販売個数を伸ばすのが容易な商品はありません。これからはじめて来店するお客様も、今後その商品を買う可能性が高いと思われます。ですから、新規客にも「この商品が当店の一番商品です」と理解していただけるよう、「売れるPOP」は自店の一番商品にこそつけておくことが必要なのです。

　その他、店の顔となる「一番商品」になりやすい商品は次の3つがあげられます。

①　1番売れている商品（ナンバーワン）
②　自店がはじめて扱った商品（ファーストワン）
③　自店にしかない商品（オンリーワン）

　このような商品は自店の特長を表すので、「売れるPOP」をどのPOPよりも大きいサイズでつけるのです。

　自店の「一番商品」がどこまで浸透しているかを調べるには、次のような質問で直接お客様に聞いてみるとよいでしょう。「●●（店名）といえば、どんな商品が思い浮かびますか？」と。半数以上が同じ回答であれば、合格点といえるでしょう。

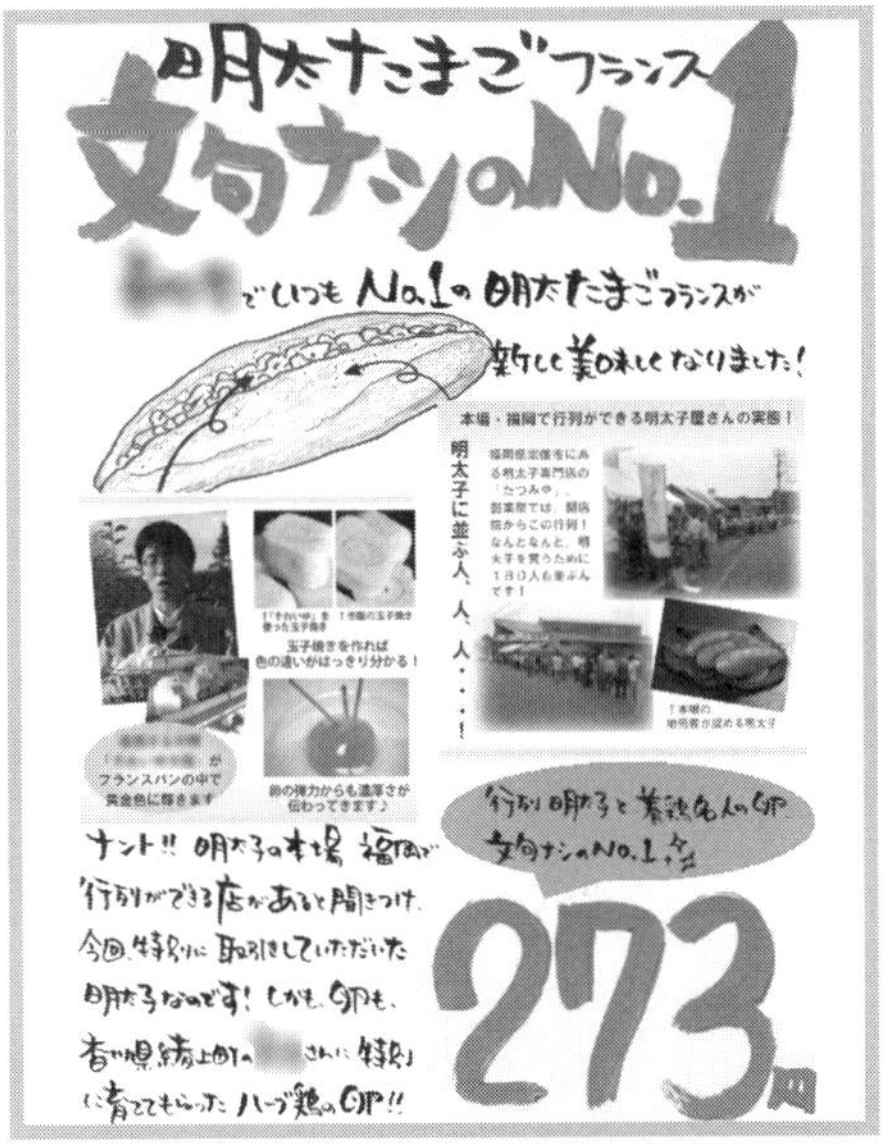

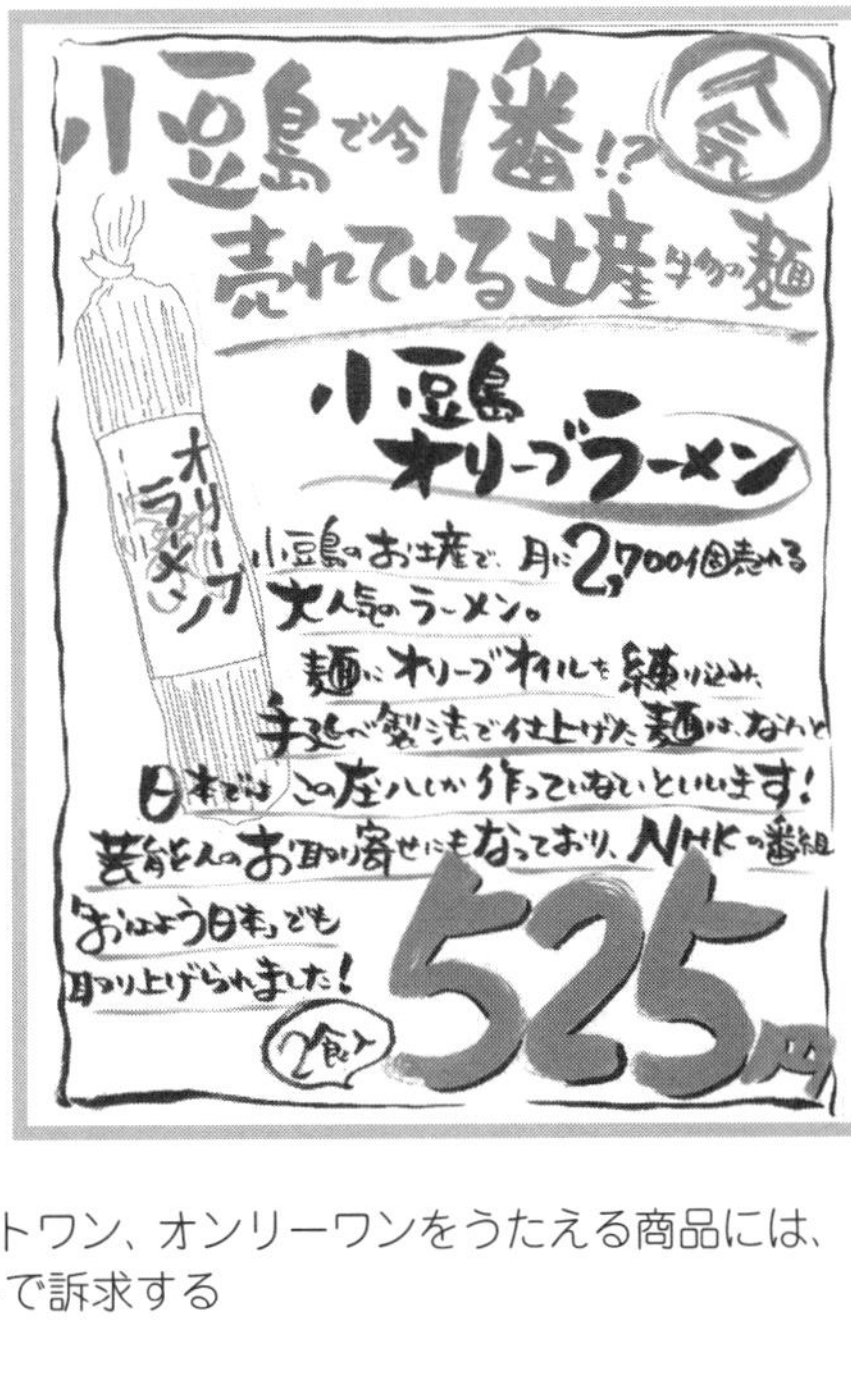

ナンバーワン、ファーストワン、オンリーワンをうたえる商品には、その旨をキャッチコピーで訴求する

Section 2

ビジュアルでPOPにひき寄せる

●「注目」から「興味」に変えるPOP

現在、商品を販売する店舗であればPOPやプライスカードを使用していない店舗はほとんどありません。しかし自店の一番商品を特徴づけるためにPOPを設置しても、じっくり読まないお客様が大半です。お客様も見慣れている、ありふれたPOPの中で印象に残るPOPを設置する必要性が高まっています。

お客様にPOPを読んでもらうには、まずそのPOPや商品に注目してもらう必要があります。注目してもらうには、1番売りたい商品に新聞紙大ほどの大きさのPOPをつけ、店内の一等立地に大量積上げ陳列をすることで可能です。ただ、目立つだけでは消費者は足をとめてくれません。そのため、興味をひく工夫が必要なのです。この「注目」→「興味」の流れこそがPOPをじっくり読んでもらうコツであり、重要になってくるのがPOPのビジュアルなのです。

●ビジュアルで興味をひくポイント

消費者の興味をひくために必要なPOPのビジュアルは次の通りです。

① 有名人・著名人の写真・イラストやコメント
② 安さ感が伝わる、大きく書かれた赤文字の価格
③ 手書きPOP

現在は、多くの商品のパッケージはパソコンなどでつくりこまれています。そのため、③の手書きPOPを使用することで商品と同化するのを防ぐことも可能です。また、スタッフによる手書きにすることで、店の色や特長が出やすく、またPOPや売場にあたたかみを演出することができるため、興味をひくPOPとして有効といえます。

また、売り出したい商品が有名人のおすすめ商品であったり、お取り寄せ商品である場合は、「注目」→「興味」をひくPOPを書くチャンスです。面積の3分の1程度を使って有名人や著名人のイラストを手書きしたPOPを設置するだけでも、消費者が注目することは間違いありません。この場合は、後述する「キャッチコピー」（102ページ）にも工夫を加えるとよいでしょう。

芸能人のイラストにより、3～5メートル離れた場所から「注目」させ、POP内容に「興味」をひくようにしたPOP例

米のおいしそうな写真と、キャッチコピー注目→興味の流れをつくる。興味を持ったお客様は、POPのセリフを読んでくれる

Section 3

POPは「絵」になると売れなくなる

POPとはそもそも商品やサービスを売るための販促物であるため、POPを設置することにより販売個数が増えたり、注文が増えたりしなければ意味がありません。

ところが、先述した「ビジュアル」面を重視したPOPを作成するとなると、格好のよさや色使いばかりに気をとられ、売れる要素を無視してしまう店が多いのです。

これでは、POPではなく、単なる絵になってしまうのです。20年以上経営されている店舗に多いのですが、売場に会社や商品と関係のない絵を飾ってある場合があります。雰囲気づくりのために飾っているのかもしれませんが、売れる売場には「絵」は必要ないといってよいでしょう。何か飾るのであれば、会社の歴史を表現するような写真や、一番商品のポスター、店舗のコンセプトを書いたPOPなどを掲示するとよいと思われます。

●POPを「絵」にしないポイント

POPを「絵」にしないポイントは、次のいずれかの要素を絶対に欠かさないこととといえます。

①ナンバーワンの事実
②オンリーワンの事実
③ファーストワンの事実
④表彰・受賞歴などの実績
⑤期間や数量などの限定感
⑥お買い得感
⑦第三者意見

①～④は、その商品を特徴づける最も有力なキャッチコピーとなり得るため、そのような事実がある場合は一言書くだけでも「絵」ではなくPOPとなります。

⑤の「限定感」は、女性客が好む要素のひとつであるため、「今しか買えない」「○○人しか買えない」ことを訴求すれば、POPの要素は満たすことができます。さらに、価格を赤文字で大きく加えれば、⑥の「お買い得感」も演出することができます。

いずれも考えつかない場合は、⑦のように、お客様の声や使用感など客観的な意見を書くとよいでしょう。この場合は、真実を訴求するためにお客様の顔写真や直筆のお手紙などを同時に掲載すると効果的です。

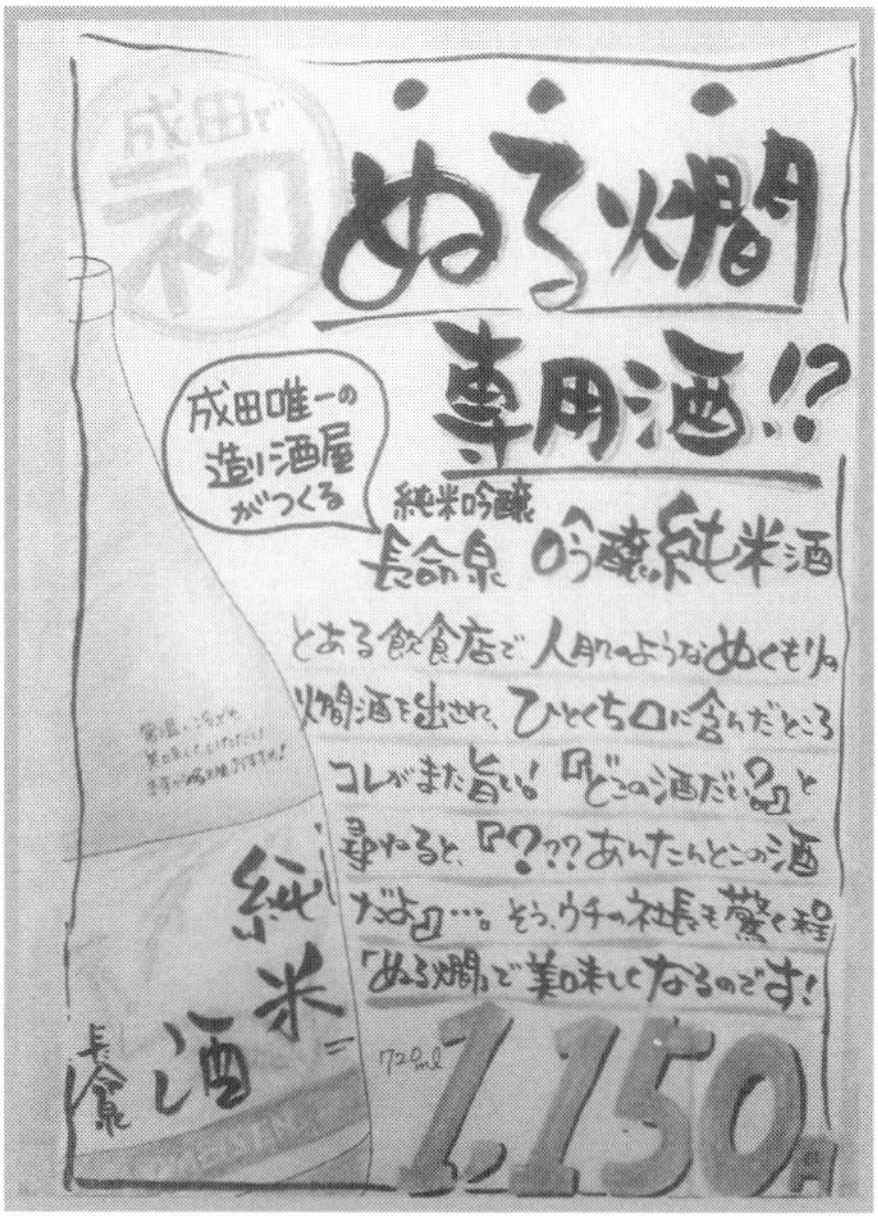

「オンリーワン」「ファーストワン」の事実をPOPにした例。さらに「ぬる燗」という珍しいキャッチで、注目されるPOPになる

自店のメロンパンを食べて「おいしい」といってくれた子どもたちの写真と声を1枚にまとめた新聞紙サイズのPOP。第三者評価で価値が上がる

Section 4

3メートル手前から認識できるアイキャッチ

●売れるPOPにするには

「売れるPOP」とは、店主体で考えた場合には、POPを設置しているために販売個数が飛躍的に伸びたり、店全体の売上が上がったりという効果をもたらすものを指します。しかし、お客様主体で考えた場合でも、「売れるPOP」の内容は、お客様がよい買い物をするための手助けとなるため、お客様と店の両者によい影響を与えるものになるのです。

先述した通り、お客様にとってPOPとはすでに珍しいものではなく、「読んでみたい！」と思える内容のPOPでなければ目にもとめてもらえません。せっかく価値ある内容を掲示しているのに、見てももらえなければ、もちろん店の売上につながることもなく、「売れるPOP」とはいいにくくなります。そのためには、どのような価値を訴求しているPOPなのか、ひと目で理解でき、なおかつ興味をひく必要があります。ここで力を発揮するのが「アイキャッチ」になります。

●「アイキャッチ」の工夫方法

「アイキャッチ」とはその言葉の通り、目をひくためのイラストや言葉、色使いなどを指しますが、「第一印象のインパクト」が強いものがよいでしょう。例えば、生産者の顔がどアップの写真や、その商品をおすすめしている有名人の特大イラスト、商品そのものの写真など手法はさまざまですが、重要なのは遠くからでも認識でき、インパクトがあることです。目安としては、POPの位置から3メートル手前でもアイキャッチが認識できるかどうかを確かめるとよいでしょう。

また、アイキャッチの他にも、POP全体の色使いも重要な項目です。POPを書く際に色使いを考えるのが難しい場合には、POPの後ろに色画用紙など台紙を貼ることで、POP自体を浮き上がらせて見せることができます。これを「縁どり効果」といいます。店内の壁紙と同化しない、濃い色を使用すればするほど、印象の強さが増します。

以上のような手法を利用すると、POP1枚でお客様をひき寄せることが可能になるのです。

POPは遠くからでも目立つこと、近くで見て読みやすいことの両方が重要。商品名とイラストでアイキャッチをつくった例

十数人の従業員の笑顔が目をひくPOP。半永久的に使えるPOPは、写真のような白木の板に書いてもよい

Section 5

思わず買いたくなるキャッチコピー

POPで商品を売るためには、POPの中の一部に「買いたくなる」文章やコメントが必要になります。特に、POPの上部に大きくキャッチコピーとして端的に表現することが最も効果的と考えられます。

POPを書く上でのキャッチコピーとは、「ほんの一言でその商品の特長が理解できるもの」と考えるとよいでしょう。よく、旅行のポスターやテレビでの広告に使われていますが、商品を買いに行くまでにある程度の時間を要する場合であれば、一言フレーズで自分が旅行している場面を連想させたり、商品を使っている風景を連想させたりすることが目的のため、「売れる」ための直接的な表現はあまり使いません。しかし、その場で商品を売る「売れるPOP」の場合は、商品やサービスのよいイメージだけを与えても、「売れる」ことはありません。「買いたい！」と思わせるための直接的な表現で、端的に表現することが必要になってくるのです。

●商品の特長がキャッチコピーになる！

思わず買いたくなるキャッチフレーズを考えるには、まずその商品の特長を書き出します。その後、端的に表現するために、できるだけ20文字以内のフレーズにまとめるとよいでしょう。買いたくなってしまうキャッチフレーズの題材となり得る要素として、以下のような商品特長に注目してみるとよいでしょう。

①有名人・著名人の感想
「●●（名前）さんが大絶賛！」

②マスコミなどで紹介された実績
「□□番組で紹介されました！」

③受賞歴や表彰歴
「△△品評会で金賞受賞しました！」

④地元の素材や特別な素材を使用している
「地元の●●さんがつくっています！」

⑤期間や数量の限定感
「本当に今しか買えないシロモノ！」

など、このような特長はキャッチコピーをつくりやすいといえます。キャッチコピーの作成方法については、本書の6章を参照してください。

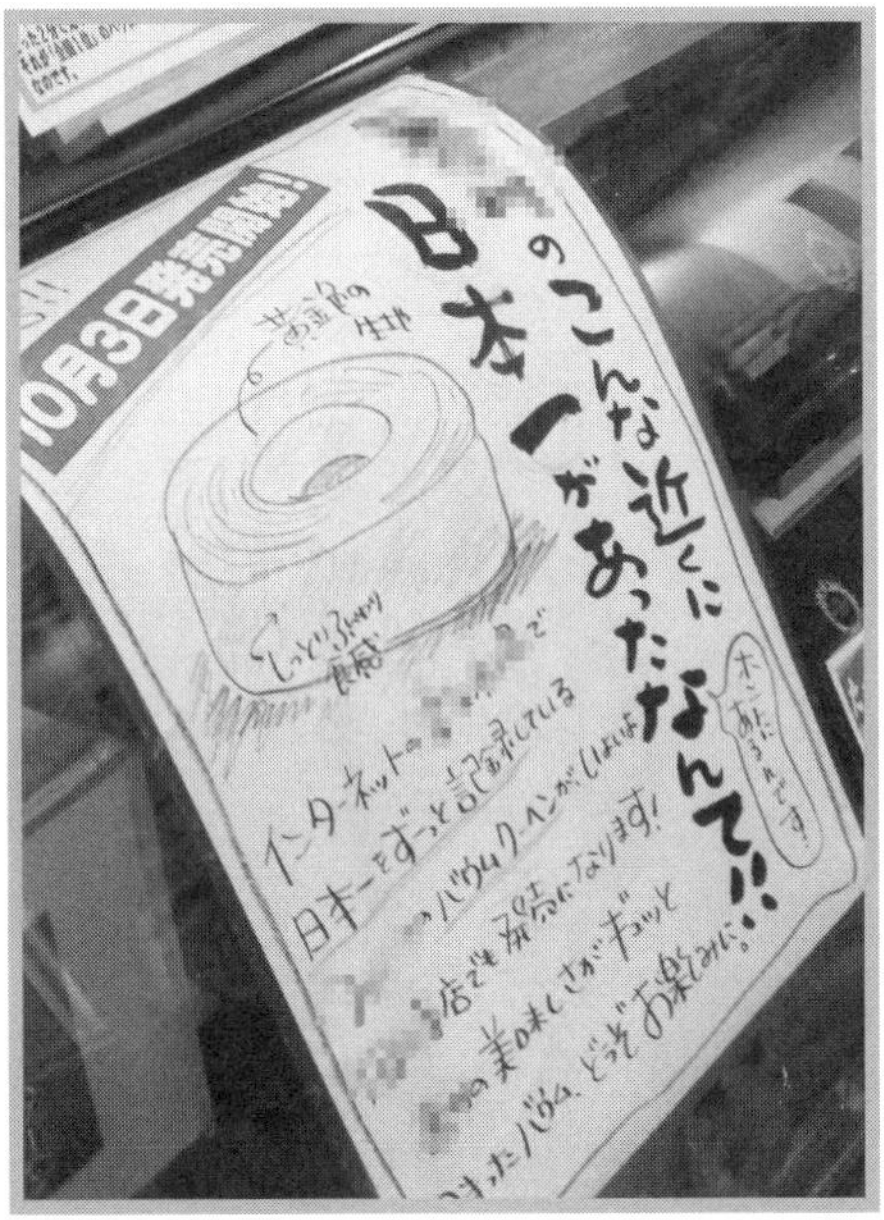

「こんな近くに日本一があったなんて！」というキャッチコピーで、お客様の目をひいたPOP。発売当日には、店頭に 100 人の行列が……

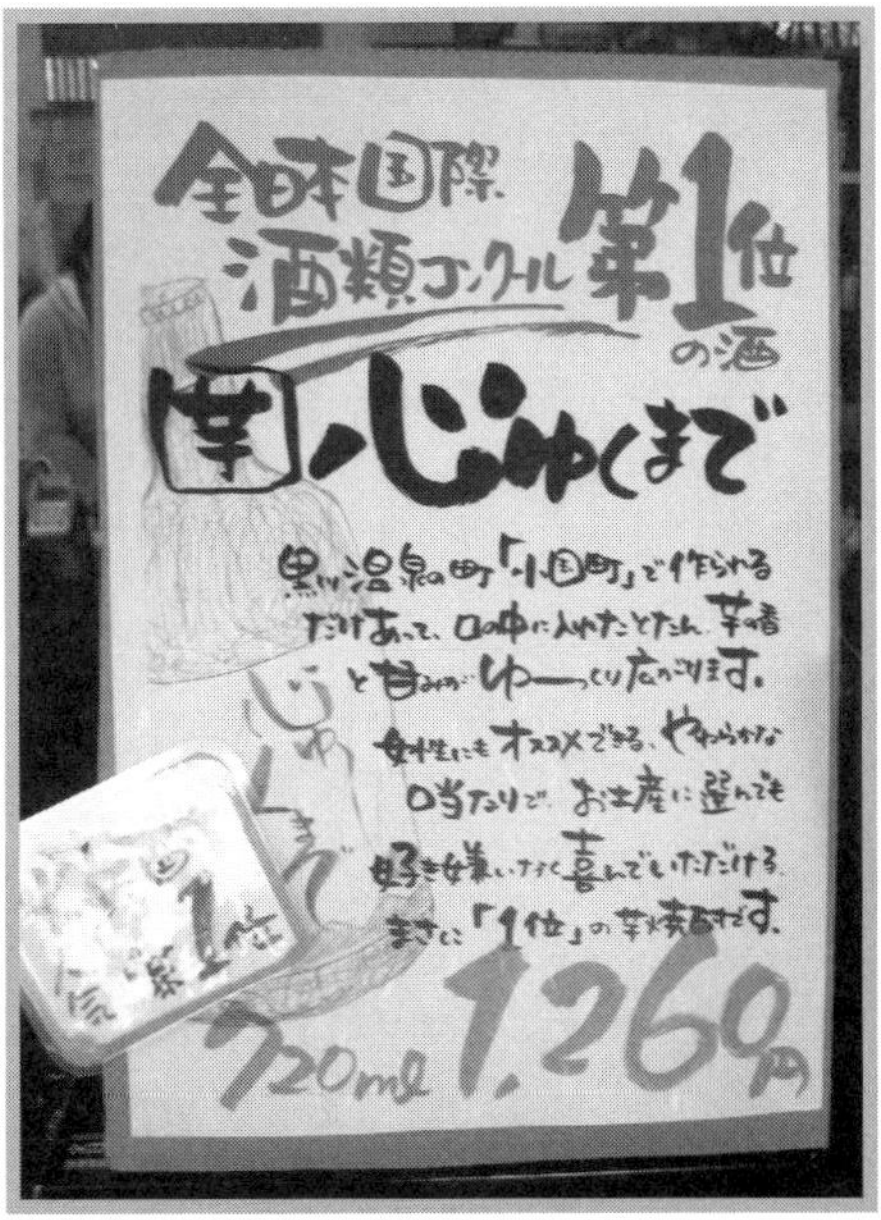

「ナンバーワン」の実績、受賞歴はお客様の購買意欲を高めるキャッチコピーになりやすい。目立つよう赤などの原色で書くとよい

Section 6

文字の種類でイメージは変わる

ＰＯＰをパソコンで作成する場合は、レイアウトや色使い、写真やイラストも大切ですが、使う「文字の種類」にも気を配る必要があります。一般的に「フォント」と呼ばれ、読みやすさを重視した文字や手書き風の文字、丸文字など、その種類は数百ともいわれます。ＰＯＰによりその商品をどのようなイメージに見せたいのか、伝えたいことが何なのかによって、使う文字を変えることが効果的でしょう。以下に見本をあげます。

・安さ感を伝えるＰＯＰ

ポップ体

丸ゴシック体

・高級感を伝えるＰＯＰ

行書体

明朝体

プレゼンス体

・親近感を伝えるＰＯＰ

クラフト体

丸ゴシック体

・信頼感を伝えるＰＯＰ

華康ゴシック体

平成ゴシック体

楷書体

ここにあげた以外にも多くのフォントがありますので、用途によって選ぶことをおすすめします。

●フォント使いの注意点

しかし、１枚のＰＯＰにさまざまな色を使いすぎると紙面がうるさくなり、見にくくなるのと同じように、フォントも種類を多用しすぎると読みにくいＰＯＰとなってしまいます。キャッチフレーズや価格など、ある程度の大きさの文字を書く場合は特殊なフォントを使用し、小さな文字で書く説明文などは、読みやすさを重視した「ゴシック」などの文字を使うと、ＰＯＰの中にもメリハリが生まれ読みやすくなります。

手書きでＰＯＰを作成する場合には、書き方を変えることは難しいため、筆ペンやマジックペン、クレヨンなどの筆記用具に工夫を加えるとよいでしょう。

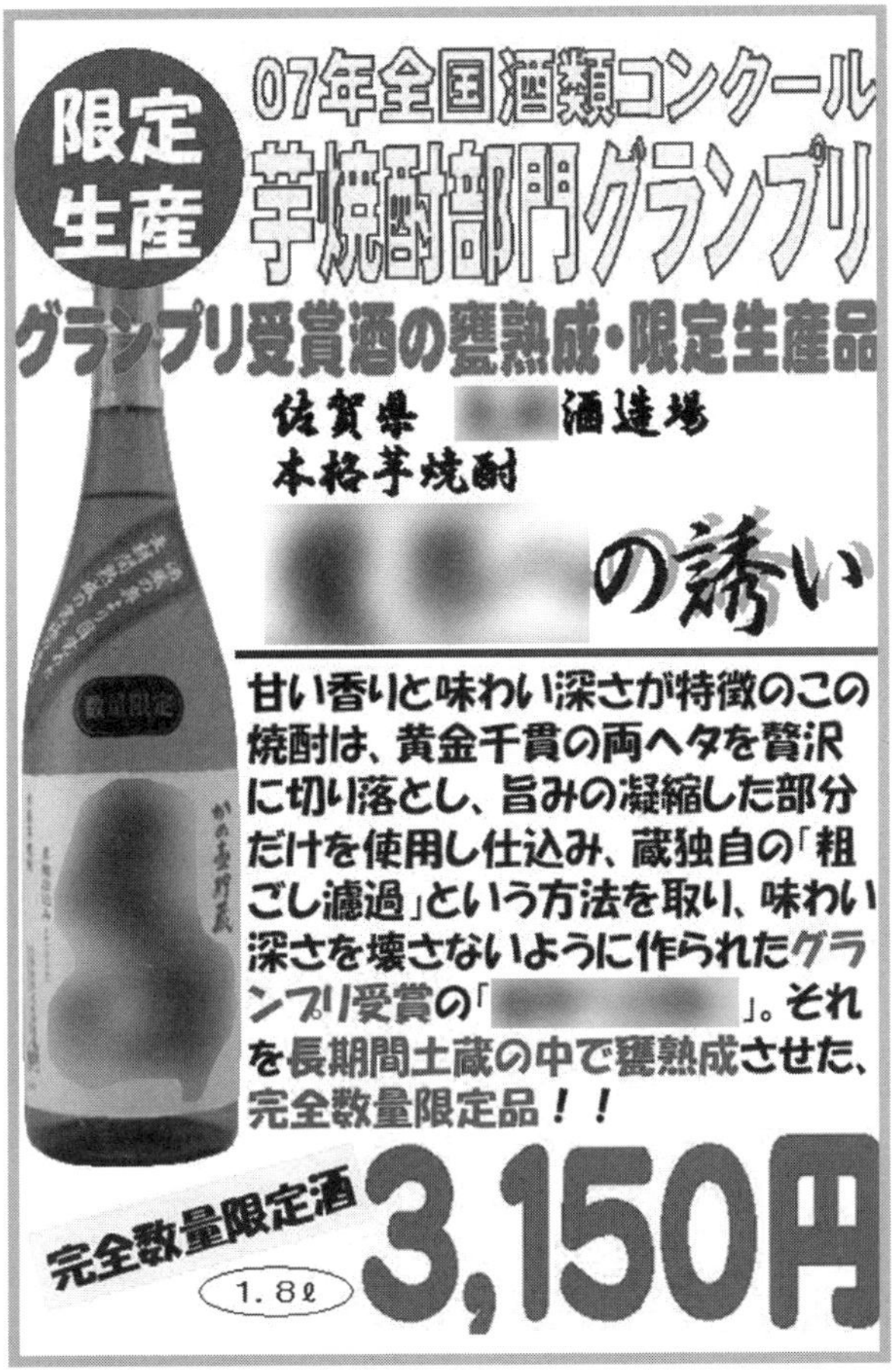

「ゴシック体」「ポップ体」を主に使用することで手頃感を演出したPOP。キャッチコピー、商品名、セリフとそれぞれ文字種を変えることで読みやすくなる

Section 7

赤を効果的に見せる色使い

街中で「SALE」「売りつくし」「バーゲン」などの文字が書かれた販促物は、決まって赤色を使っていることにお気づきでしょうか？　赤という色は、使い方によって「お買い得感」を演出することが可能になります。ここではその効果的な使用方法を説明します。

「色」には人間心理に働きかけるさまざまな効果があることは、すでに知られています。ヒーリング・興奮させる・注意をひくなど、色の種類によってその効果が異なります。「赤色」が持つ効果として代表的なものは、

・気持ちが前向きになる
・アドレナリンの分泌が活発になる
・あたたかく感じる
・食欲を増進させる
・時間経過を早く感じさせる

などがあげられます。中でも注目すべきは「アドレナリンの分泌が活発になる」こと、つまり興奮状態になりやすいということです。

買い物中に興奮状態になれば、ついで買いや衝動買いが促進されます。年末年始のバーゲンセールなどでは、必要に迫られて買うものはほとんどありません。その場で「ほしくなった」買い物ばかりなのです。このような状態をつくるために、お買い得感を演出する際の販促物には「赤色」を多用しているのです。気持ちを冷静にさせる効果のある青色や緑色はほとんど見かけないのも納得できるでしょう。

●赤を使うときのポイント

ＰＯＰの中で赤を効果的に使用するには、価格やキャッチコピーなど、部分的に使用するとよいでしょう。ＰＯＰ全体に使用すると、売場全体が赤い印象になり、バーゲン中のような雰囲気になってしまいます。

ＰＯＰの中の赤を引き立たせるには、色相環で「１２０度の関係」にある色を使うとよいとされています。補色である緑を使用すると互いの色が強調され、ＰＯＰの中のどこを訴求したいのかが不明確になるので、要注意です。ＰＯＰを作成する場合には、それぞれの色が持つ効果なども知っておくと便利です。

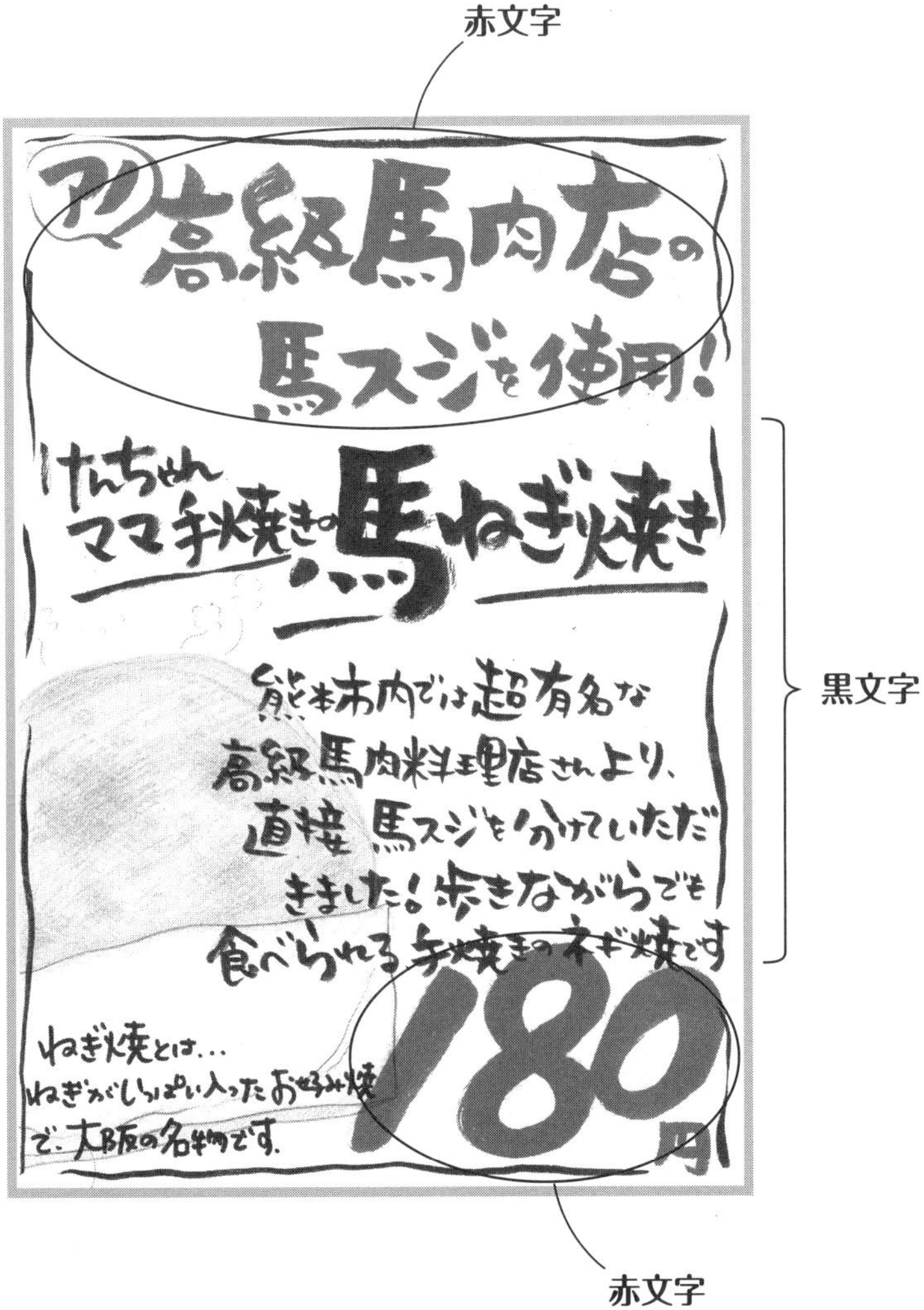
赤文字
アノ高級馬肉店の
馬スジを使用!
けんちゃん
ママ手焼きの馬ねぎ焼き
熊本市内では超有名な
高級馬肉料理店さんより、
直接 馬スジを分けていただきました! 歩きながらでも
食べられる手焼きのネギ焼です
180円
ねぎ焼とは…
ねぎがいっぱい入ったお好み焼で、大阪の名物です。
黒文字
赤文字

文字の色を「赤」と「黒」に限定することで、赤をより目立たせることができる。キャッチコピーと価格を目立たせることでお買い得感を演出する

Section 8

POPの大きさと用紙選び

●効果的なPOPの大きさと用途

店内には、プライスカードを含めると何十・何百ものPOPがあふれています。その中で、売れ筋商品のPOPを目立たせるなどメリハリをつけるためには、POPの大きさを工夫することが効果的です。

私が普段書いているPOPについて、大きさ別に用途をご紹介します。主に7種類の大きさを使い分けています。

①A7サイズ（名刺大）
・一般的な商品のプライスカード

②A6サイズ（ハガキ大）
・売れ筋上位商品のプライスカード

③A5サイズ
・売れ筋商品ではないが、季節商品などのおすすめ商品POP

④A4サイズ（コピー用紙）
・売れ筋上位10位以内の商品を説明するPOP

⑤A3サイズ（新聞広告大）
・主力商品を訴求するPOP

⑥A2サイズ（新聞片面程度）
・主力商品を訴求するポスター
・店のサービス内容を紹介するポスター
・スタッフを紹介するポスター等

⑦A1サイズ（新聞両面程度）
・看板代わりのウェルカムボード

●用紙の選び方

POPはまず見やすくなくてはなりません。そのため、基本的には白い用紙を使用するのが無難です。店の雰囲気によっては、和紙や光沢紙など、紙の種類を変えてもよいでしょう。色を加えたい場合は、台紙として色画用紙を貼るとよいでしょう。

注意したいのは、青系統などの「寒色」といわれる色です。寒色は人の心を冷静にする作用があるともいわれます。店の売上を上げるためには、できるだけお客様に興奮状態で買い物していただく必要があるため、寒色の用紙や文字の色は避けた方がよいでしょう。

A1サイズ2枚分の大きさ。
10メートル離れた場所からも
見えるよう吊り下げる

主力商品
POPはA3サイズ

その他、空間を埋め
「圧縮付加」のため
POPを設置

遠くから目をひく特大POPは吊り下げて設置。近くで読むPOPは、目線の高さに設置する等、POPの大きさと設置場所でメリハリをつける

Section 9

読ませて買わせるセリフ

POPは、それ1枚で商品を魅力的に見せ購入してもらわなければなりません。商品の説明書ではありませんから、特長や価格などを単に書いていればいい、というものではないのです。逆に、文字ばかりが羅列したPOPは読む気にもなりません。POPを書く本人は、お客様に伝えたい情報を事細かに説明していても、文字ばかりの紙面になり、見てもらえていないことも多いのです。

このような状況を打開するには、できるだけ短い文章で、伝えるべきことだけを明確に書くことが必要です。これを私は、「読ませて買わせるセリフ」と呼んでいます。「文章」ではありません。読んでいる側が、まるで誰かの話を聞いているようにうなずきながら読めなければ、店側の気持ちを紙切れ1枚で伝えることなどできません。

「読ませて買わせるセリフ」を上手に書くポイントは次の5つです。

① 伝えたいことを3つ以内に
② 擬態語や擬音語を使ってわかりやすく
③ 語り口調で少しくだけた表現で
④ 強調したい単語は色を変えて
⑤ 100文字以内に収める

●キーワードは3つまで

文章を書くときでも、話をするときでも同じことですが、伝えたいことを全部書いていては肝心なことが伝わりません。ましてや、1枚の紙の中で商品の魅力をきっちり伝えなければならないため、多くても3つ程度のキーワードに絞る必要があります。伝えたいキーワードはセリフの中で文字色を変えるなどひと工夫をすると、より目にとまりやすくなります。そして、読む側にとって面白い内容でなければ最後まで読んでもらえないため、擬態語を使用したり、少しくだけた表現にしたりするなど、POPが話をしているように書くとよいでしょう。

以上の内容を、75～100文字程度にまとめれば完成です。POPは売場の中で瞬間的に読むものですから、文章が長すぎては役割を果たせなくなります。どうしても伝えたいことがたくさんある場合は、「より詳しい説明はコチラ」等2枚に分けるとよいでしょう。

メインターゲットとなる働き盛りの男性に向けて書いたメッセージ性のあるセリフ

伝えたい内容を３つに絞り、箇条書きにし、見やすくわかりやすく書いたセリフのPOP

Section 10

なぜかイメージがよくなる手書きのチカラ

ＰＯＰとは、1枚でお客様の心に訴えかけるものですから、「手紙」と同じようなものと考えてよいでしょう。

お正月に何百枚と届く年賀状を見ていると、最近はパソコンでつくられたものが多いことに気づきます。家族の写真が載っているものは別として、干支のイラストと文章がパソコンで整然と書かれている年賀状は、じっくり読まない方も多いのではないでしょうか？　逆に、文字だけの年賀状でも手書きのものは、じっくり文章を読んでいるのではないかと思います。この現象は、手書きには心がこもっているように感じやすいために起こるものなのです。

●ＰＯＰも手書きでイメージアップ

ＰＯＰも同じです。パソコンでつくられたものは確かにキレイですが、心のこもったあたたかさはあまり感じられません。また、文字が整然と並んでいる場合、手書きの場合よりも文章が長いように感じるため、なかなか読んでもらえないというデメリットもあるのです。

手書きＰＯＰの場合、下手でも丁寧に書かれていれば心が伝わります。文字に自信のない人は、筆ペンやマーカーなど、太めの文字が書ける筆記用具を選ぶとよいでしょう。ボールペンや万年筆など、細い線では字の上手下手が際立ってしまうためです。また、イラストには色鉛筆を使うと、よりあたたかさが伝わります。

●パソコンでつくるメリット

ここまで手書きのよさをお伝えしたのですが、ＰＯＰをパソコンでつくるメリットもあります。それは、練習すれば誰でも同じＰＯＰをつくることができるということです。手書きの場合は得意不得意がありますから、全員が同じようにつくるのは困難です。どうしてもパソコンで作成しなければならないときには、手書き風のフォント（文字の種類）を使用するとよいでしょう。また、ＰＯＰの一部を手書きにすることもおすすめです。その場合は、キャッチコピーや商品名など目立つ部分だけを手書きで、セリフの部分をパソコンで書くことにより、メリハリのあるあたたかいイメージのＰＯＰをつくることができます。

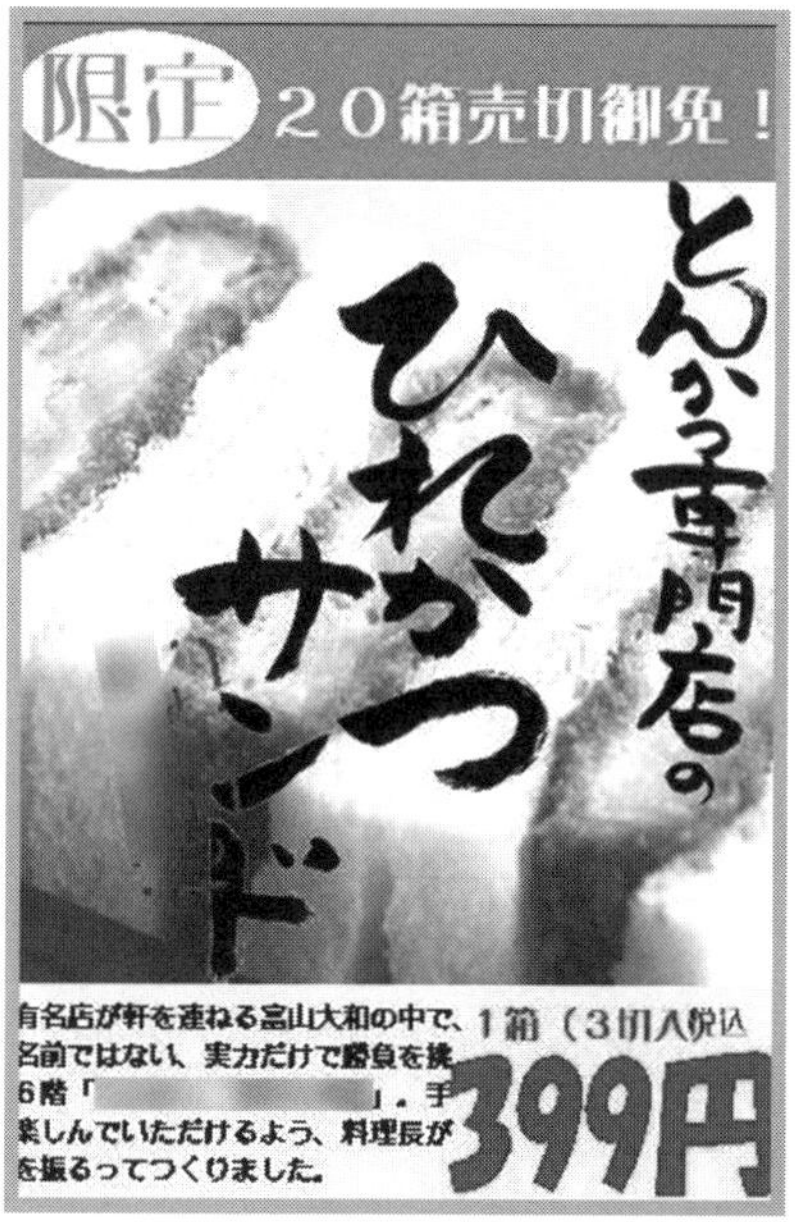

キャッチコピー、セリフ、イラスト部分はパソコンで作成し、商品名だけを手書きすれば、手書きが苦手なスタッフでも手軽に書ける

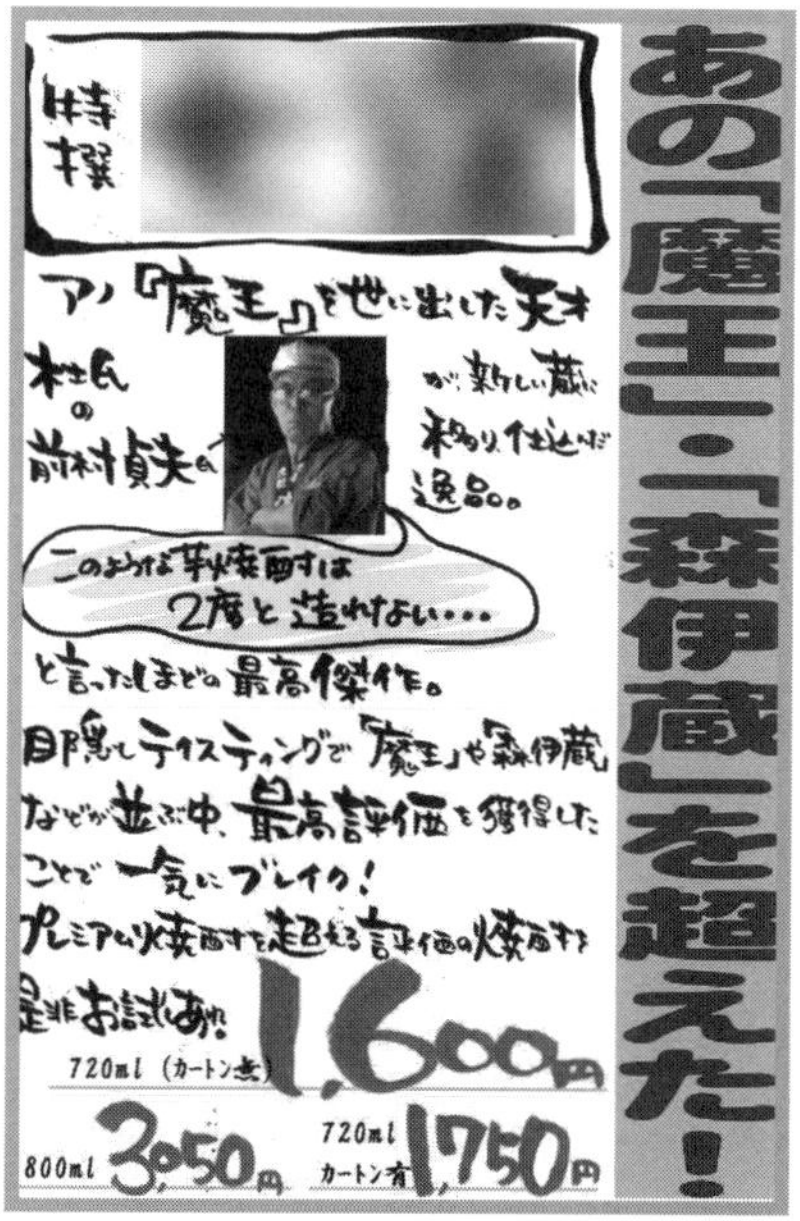

POP内容全体を手書きにするのではなく、キャッチコピーのみパソコンで作成することにより、POP内のメリハリをつけることができる

4章 女性の心をつかむ7つのルール

POP

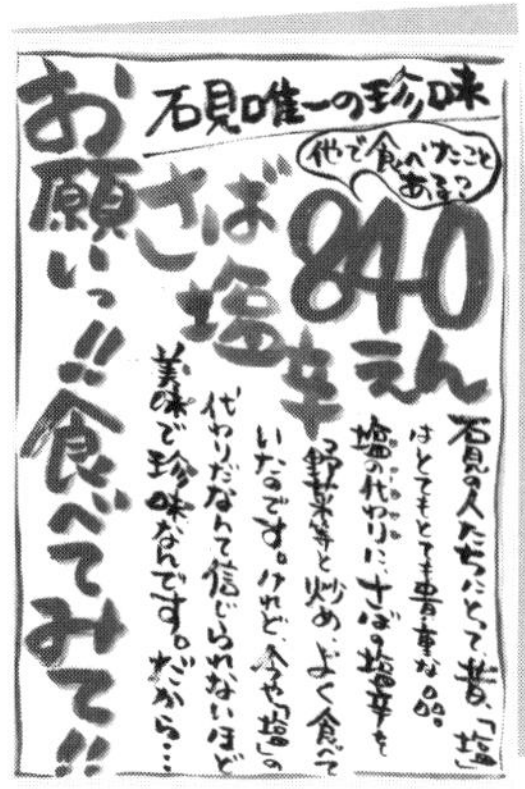
石見唯一の珍味
他で食べたことある??
お願いっ!!食べてみて!!
さば塩辛
840えん
石見の人たちにとって昔「塩」はとてもとても貴重な品。塩の代わりにさばの塩辛を野菜等と炒め、よく食べていたそうです。けれど、今や「塩」の代わりだなんて信じられないほど美味で珍味なんです。だから…
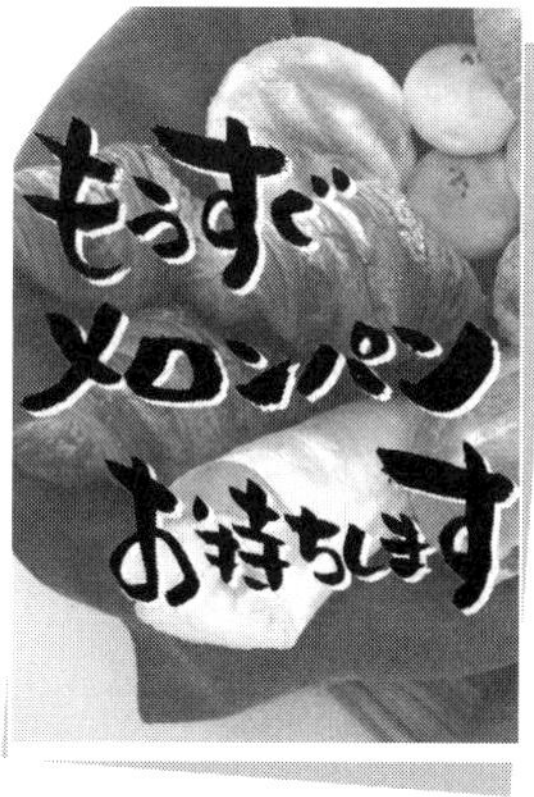
もうすぐメロンパンお持ちします

黒川の癒しをおすそ分け

Section 1

なぜ女性客が重要なのか

日本の消費は「女性に支えられている」といわれています。現在の小売店では、ターゲットが女性である店が大半です。つまり、売上を上げるため、集客力をアップするためには女性の心をつかむことが必要であり、これができなければお客様が離れていくことになるのです。

女性の中でも年齢層やライフスタイルによって消費行動は大きく変わります。例えば、未婚で仕事をしている30代の女性であれば、収入も安定している上に自由に使えるお金を多く持っています。しかし、同じ30代女性でも専業主婦で子供が2人いる場合であれば、自分だけが自由に使えるお金は限られます。また、自由に使える金額が同じでも、20代と40代では、購入する商品の単価も変わります。このように、年代によってもライフスタイルによっても消費行動が大きく変わるため、店が取るべき手法も変わってくるのです。

●自店のターゲット像を想定する

これを解決するには、自店のターゲットを「女性」と大きくとらえるのではなく、何歳でどのような職業なのか、どの地域のどのような家に住んでいるのか、家族構成やライフスタイルはどのようなものか等、詳細まで想定した上で経営戦略を立てることが必要になります。

自店のターゲット像を決めるには、以下のような手順で決めます。

① 性別、年齢、名前を仮定する
② 家族構成を仮定する
③ 住んでいる地域や家を仮定する
④ 自店への来店頻度、使用金額を仮定する
⑤ どのような目的で来店するかを仮定する

このように詳細に決めていくことで、全従業員でターゲット客のイメージを統一することができるため、商品開発・販促戦略・サービス戦略などすべてに落とし込むことができるのです。落とし込みができれば、それに共感するお客様が集まるため、結果的にターゲット像に近いお客様が集まることになるのです。

自店の売上が、どのような女性客に支えられているのか、細かく分析してみてはいかがでしょうか。

自分のお店のターゲット像を想定してみよう！

来店頻度は？
何歳？
既婚？未婚？
家族構成は？
なぜ自店を
利用するのか？
どんな雑誌が
好き？
住んでいる
地域は？
店まで
どのように来る？
新聞を
定期購読している？
（広告は見るか？）
仕事はしているか？

Section 2

男性と女性は脳が違う

●「男性脳」と「女性脳」

人間の脳のうち、物事を判断する際に使う脳をその働きによって分けると、左脳と右脳に分類されます。

左脳とは、言語や数値など「理論的」情報を判断するときによく働く脳といわれていて、どちらかというと男性の方が得意とするため、別名「男性脳」とも呼ばれています。一方、右脳はイメージや感覚など「感性」を司る脳とされ、女性の方が長けているという点で「女性脳」と呼ばれたりもします。

以上の点を整理してみると、男性客に対しては言葉や数字を使って理論的に商品説明をする方が効果的である一方、女性には写真やイメージで訴求した上で商品説明をする方が効果的といえるでしょう。

さらには、この左脳と右脳をつなぐ脳梁という部分が女性の方が生まれつき太く、感性でとらえた情報をすぐ左脳に伝達し、言葉で表現するのが得意とされています。思ったことを即時に、次から次へと言葉に置き換えられるために「口ゲンカで妻には勝てない」というのは、ここからきているのです。

●感性に訴えるPOPをつくろう

日本の消費を支えているのは女性ですから、商品を売るためのPOPも、女性客に対して訴求力を高めることが効果的といえます。

先述の通り、女性は感性が優れているため、商品の魅力や特長は、イラストや写真などで上手に伝えることが必要です。例えば、湯気が出ている炊きたてご飯の写真、フルーツがたくさんのっているケーキのイラスト、チーズがとろける瞬間の写真などは、食べ物のおいしさを伝えるのに有効です。赤ちゃんや子犬・子猫の写真は、エコや安全性などを間接的に伝えるのに有効です。ターゲットと同じ世代の女性がその商品を使用している様子、生産者の顔などを写真で載せれば、商品に対する安心感や親近感を訴求できます。

このように、男性と女性では脳の働きが大きく異なります。自店のターゲットが男性か女性かにより、効果的なPOPの要素が異なるのです。

右脳と左脳の違い

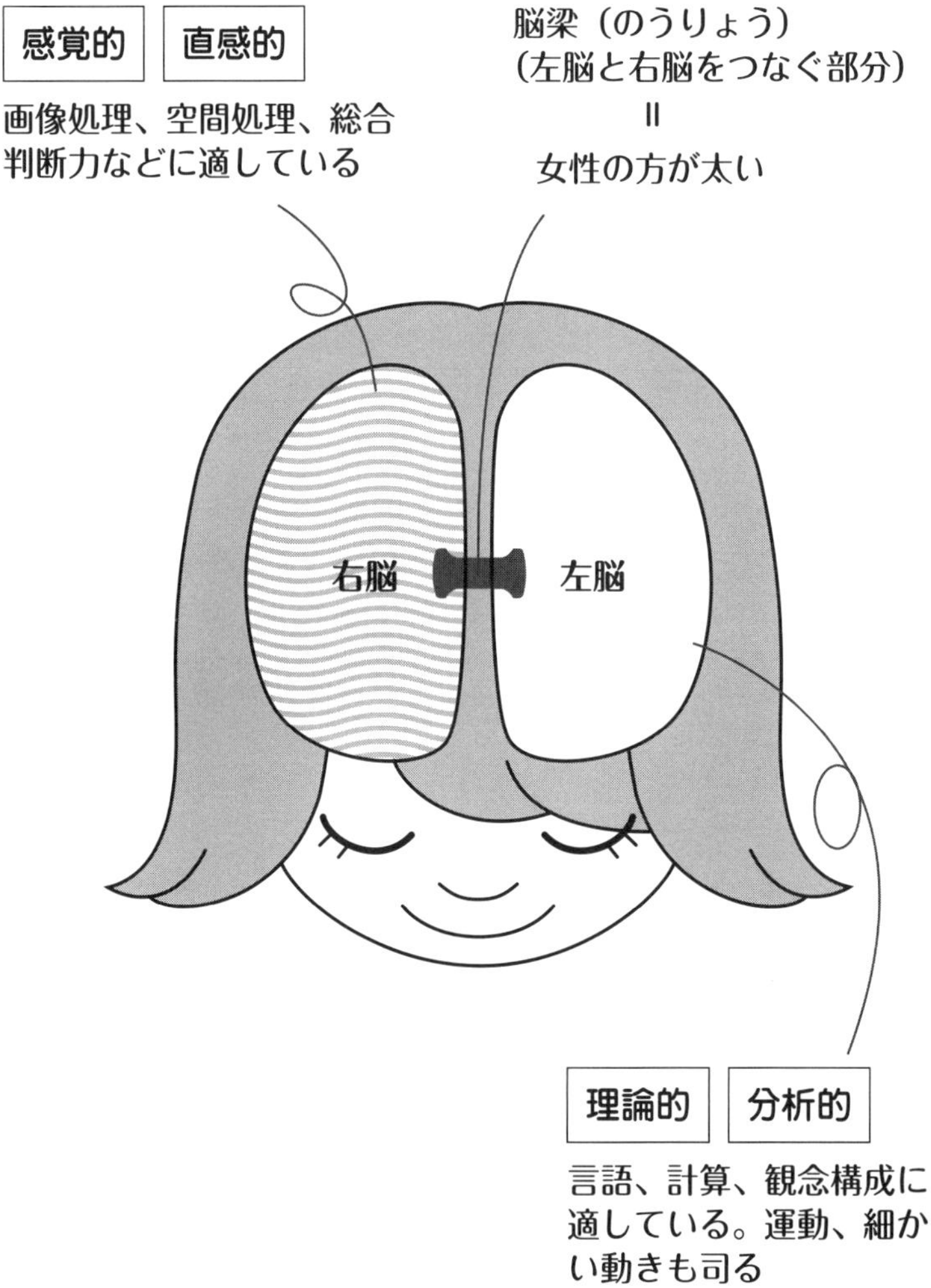
感覚的
直感的
画像処理、空間処理、総合判断力などに適している
脳梁（のうりょう）
（左脳と右脳をつなぐ部分）
＝
女性の方が太い
右脳
左脳
理論的
分析的
言語、計算、観念構成に適している。運動、細かい動きも司る

※右脳と左脳の考え方には諸説あります。

Section 3

手書きPOPが女性にウケるワケ

パソコンの普及で、パソコンの活字を使ったPOPやチラシなどが増えています。パソコンを使うことにより、誰でも同じ文字を書くことができるようになっただけでなく、見た目にもきれいなものを誰もが作成できるようになりました。しかし、パソコンの文字はどこか無機質で、あたたかみを感じないという意見が多いのです。

そこで、パソコンが普及している時代だからこそ、手書きのPOPやチラシをおすすめしています。特に、女性客は「やわらかさ」「あたたかさ」を好むため、手書きPOPは効果的なのです。

●手書きPOPの効用

手書き文字はパソコン文字に比べ、次のような効果があると考えられます。

①親しみやすさがある
②あたたかみを感じる
③やわらかさを感じる
④可愛らしさを演出できる
⑤読みやすい

上手か下手かのレベルは別として、手書き文字は人の手によって書かれるために、文字に心がこもっているように感じます。読む側にとっても、「実際に誰かが書いた」ということが伝わり、商品に対する親近感や安心感も伝わりやすいのです。一方パソコン文字は無機質ゆえにぎっしり並んでいると文字情報が多いように感じ、読みたいという気持ちを減退させてしまうこともあるのです。

さらに、女性客は、「ごちゃごちゃ」と書かれたPOPやチラシを好みます。例えば、「あ」という文字を書く場合、手書きであれば毎回書く毎に違う文字になるため、文章を書いたときに「ごちゃごちゃ」感が出てきます。しかし、パソコンの文字の場合は統一感がある一方、文字に変化が生まれないために「ごちゃごちゃ」感は出ません。そのため、女性客の心には響きにくいのです。

女性は、「やわらかさ」「あたたかさ」「可愛らしさ」を好みます。達筆な文字より、丸みを帯びた文字やバランスを少し崩した文字の方が好まれます。丸みを出しやすい筆や太めのペンなど、筆記用具の工夫も必要です。

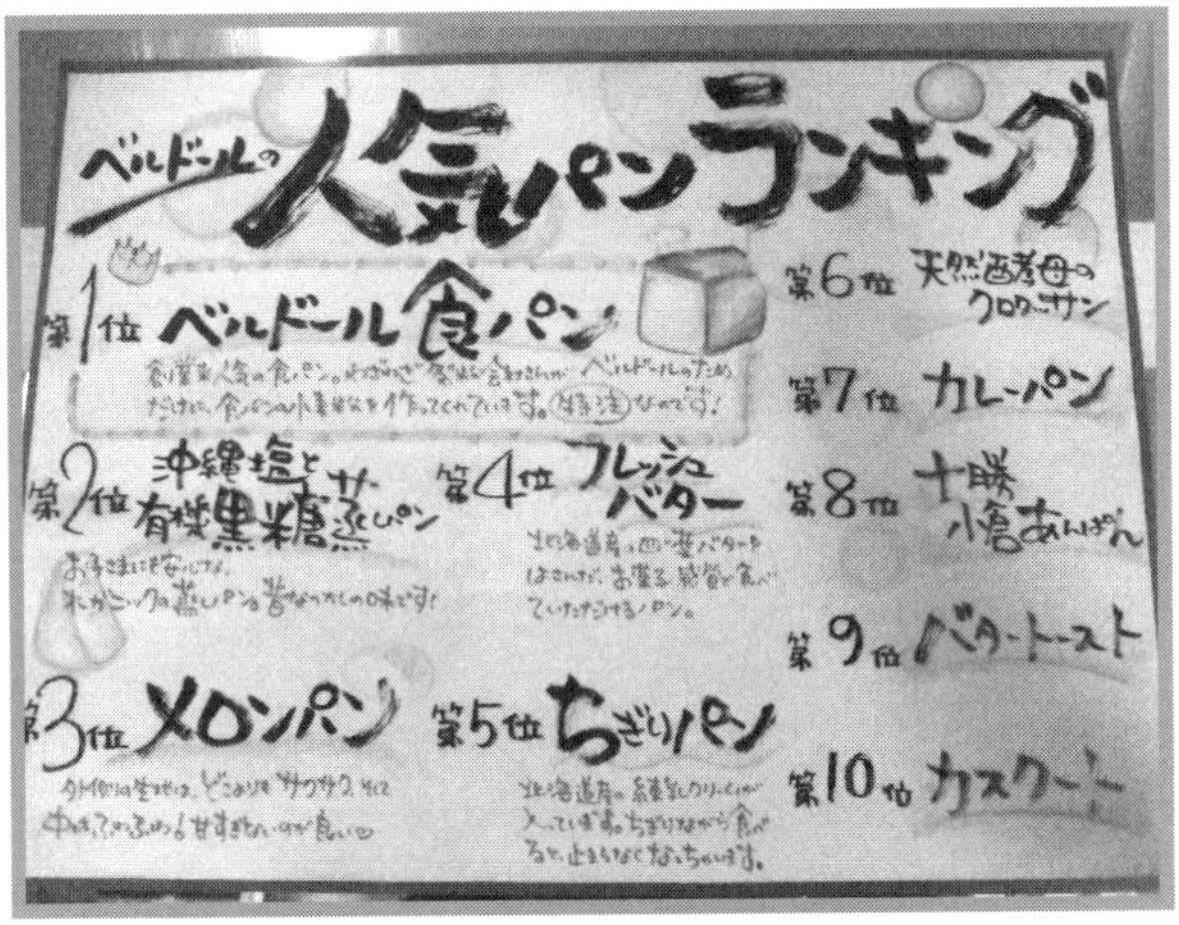

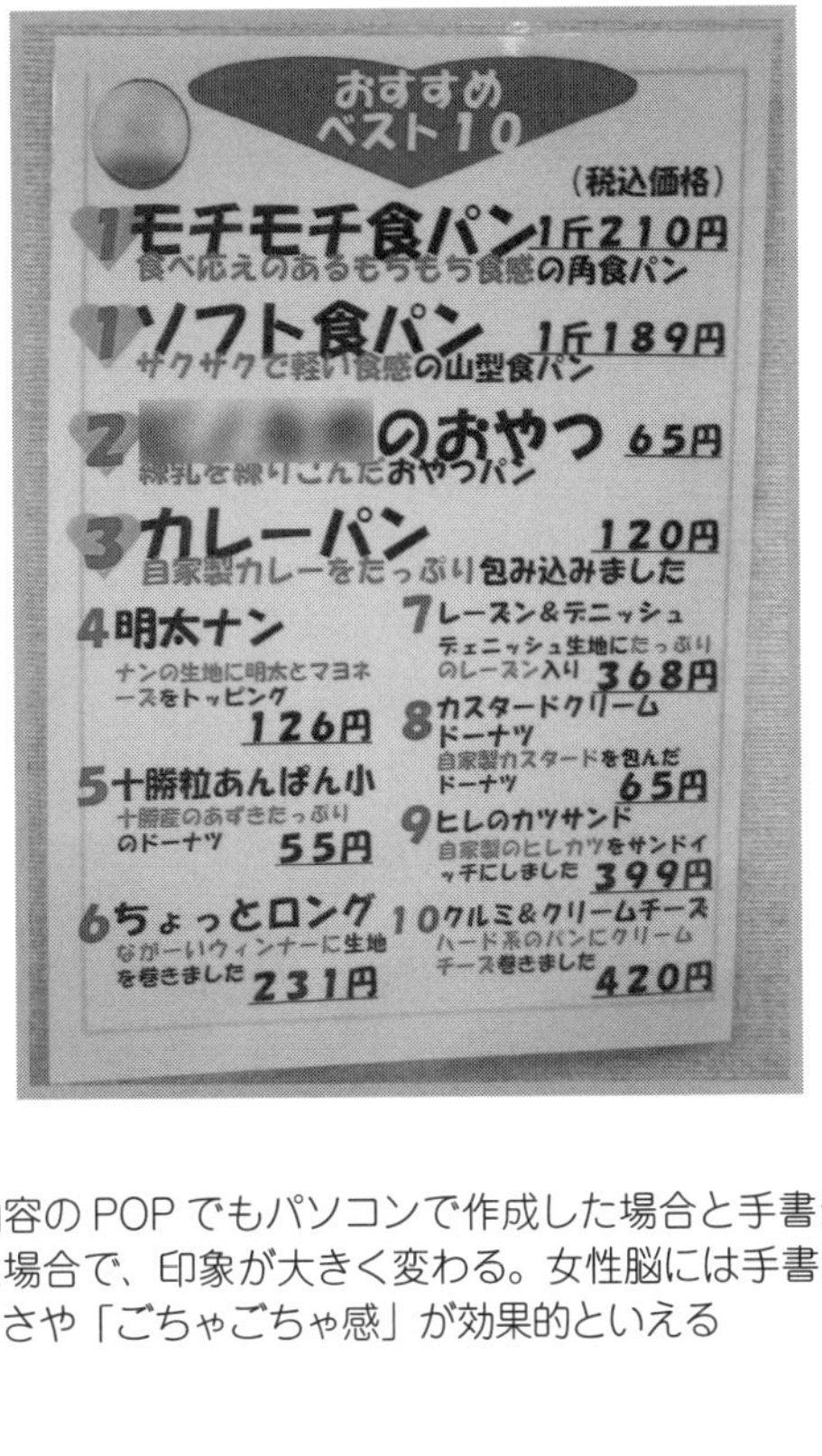

同じ内容のPOPでもパソコンで作成した場合と手書きで作成した場合で、印象が大きく変わる。女性脳には手書きのあたたかさや「ごちゃごちゃ感」が効果的といえる

Section 4

ルール1：ひと目でわかるアイキャッチが女性脳に響く

女性は男性に比べ、感情や感覚を司る右脳が発達しているといわれています。歩いていて出会った犬に「カワイイ」と声を発して駆け寄るのは、感覚で動いている代表的な例です。犬を見た瞬時に「カワイイ」という言葉が出るのは、言語や数値を司る左脳との連携部分（脳梁）が発達しているため、イメージで受け取った情報を言葉に置き換えることが得意とされています。

この事実をPOPに活かすためには、商品に対するよいイメージを感覚的に伝えるため、写真やイラストでの訴求が欠かせません。写真やイラストでは訴求しきれない情報についてはPOPのセリフで訴求すれば、イメージ（右脳）と言語（左脳）情報がいち早くリンクすることになります。つまり、よいイメージがある商品のPOPについては、言語情報まで取り入れてもらえるのです。

●アイキャッチでイメージを伝える

しかし、イメージがわかないPOPや感覚的に「よさそう」と思わなかったPOPに関しては、文章は読まないのです。よって、感覚的によさを伝えるようなアイキャッチをつけることが必要となるのです。

たとえば、以下のようなアイキャッチが効果的です。

・フルーツの多さがわかるケーキの写真
・できたて感を伝える湯気が立つ料理の写真
・使用前と後での効果がわかる比較写真
・商品を愛用している芸能人のイラスト
・人気の高さを印象づける行列の写真
・赤ちゃんの写真で安全や安心を訴求する
・季節感を伝える風景写真

このように、感覚的によいイメージを持ってからPOPのセリフで言語情報を取り入れると、購買率は飛躍的に高くなるのです。

さらに女性の場合は、商品を実際に使用してよさを感じた場合、瞬間的に言語情報に置き換え、友人などに話をします。これが「クチコミ」なのです。

女性客にとって購買を決めるにもクチコミするにも、感覚や感情など「右脳」の働きが重要になるのです。つまり、右脳に訴求するアイキャッチは不可欠なのです。

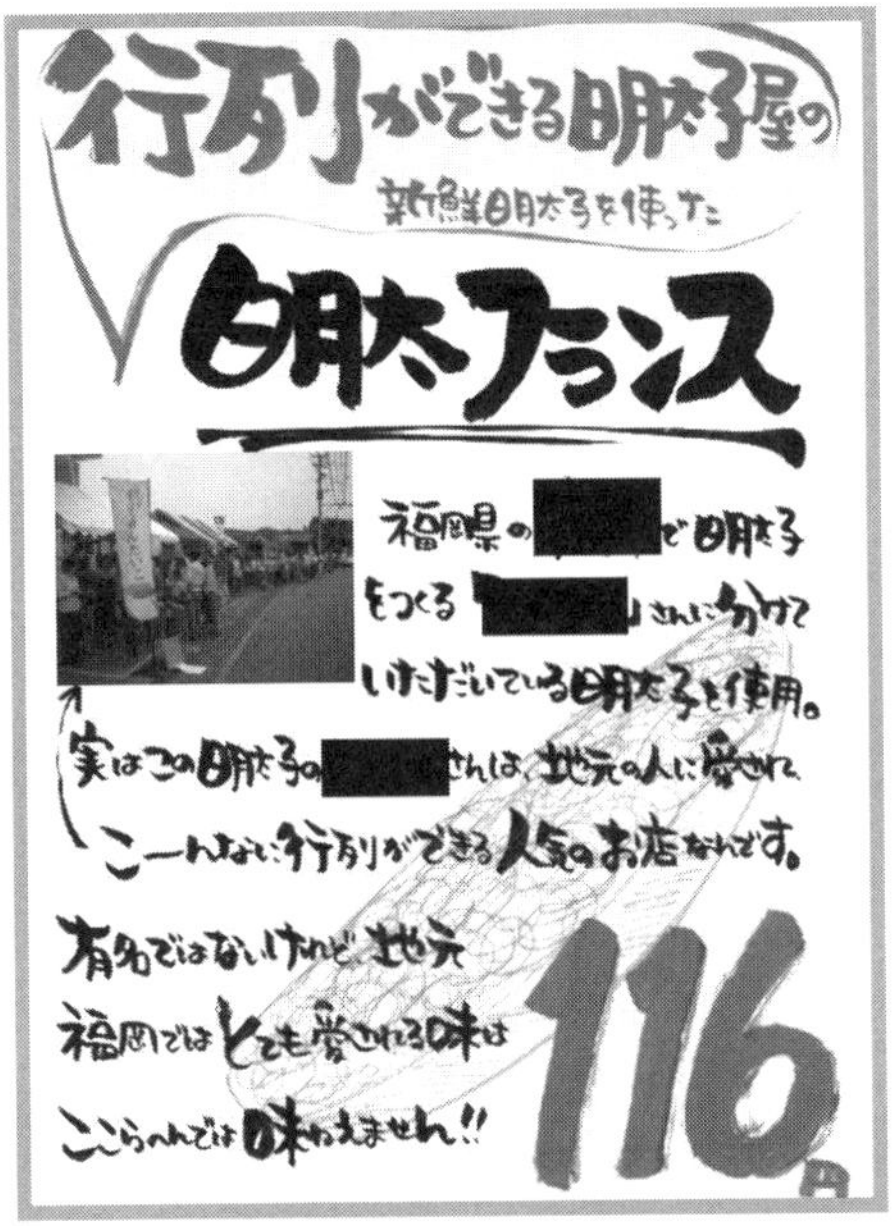

人気の高さを印象づけるため、行列の写真をPOP内に配置。こうすることで購買意欲が飛躍的に増大する

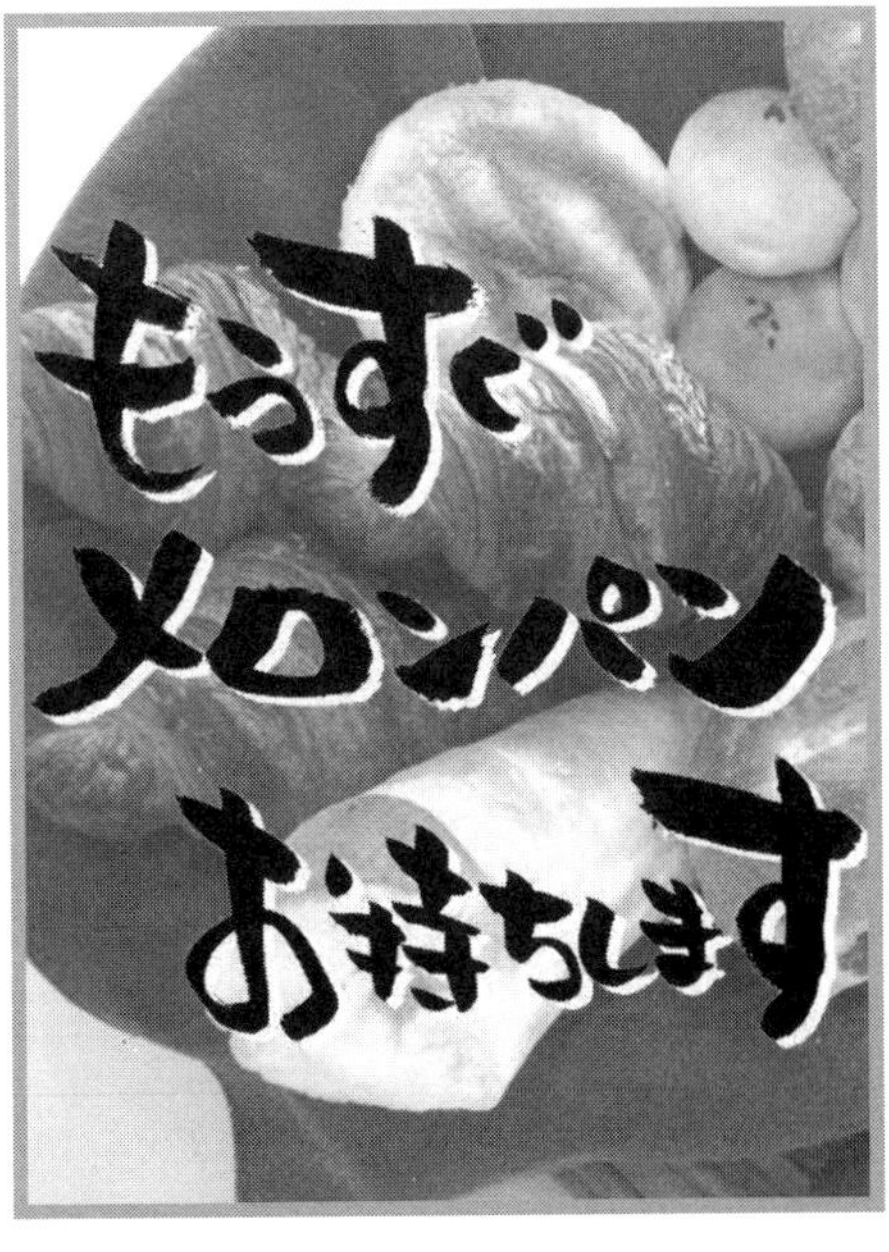

パンのおいしさを表現するためには、写真を使うとよい。この他、湯気が出ている写真等も効果的

Section 5

ルール2：擬態語・擬音語でイメージをふくらませる

●会話をしているかのように表現する

女性は、感情や感性を司る右脳と、右脳と左脳をつなぐ脳梁も発達しているために、見たままの印象を言葉にして表現することも得意です。右脳で受け取った情報を瞬時に言葉にするせいか、女性の会話には「わぁ！」「すごいスベスベ！」「ビューンって通り過ぎた！」などの擬態語や擬音語、感嘆詞が多いのも特徴的です。

これをPOPに応用する際のキーワードは「女性同士のクチコミ会話」です。女性同士がおすすめの商品やお店の話をしているかのように、擬態語や擬音語、感嘆詞を活用し、女性の右脳に働きかけるようにすれば心をつかむことは可能といえるでしょう。

たとえば、食べ物を売るときは「おいしそうに見える」「できたて感がある」などのキーワードが重要になるため、「できたてホカホカ！」「とろ～りとろける」「ふわっとやわらかい」などの表現を使用するとよいでしょう、すると、あたたかい商品から湯気が出ている様子や、クリームがとろける様子を連想しやすくなるのです。

化粧品類のよさを表すのであれば、「しっとりモチモチ肌」「角質がポロポロ落ちる」「ツヤツヤな髪」などの表現が、服飾品の場合は「プリッと上がった美尻」「キュッとひき締める」「スラリとした美脚」などの表現がよいでしょう。いずれにせよ、商品の特長や使用時のイメージがふくらむ言葉を使うことが、女性の心をつかむことになるのです。

●話し言葉でひと工夫

さらに、擬態語や擬音語・感嘆詞をPOPのセリフに使用する場合は、セリフ自体を「口語調（話し言葉）」にすると、より伝わりやすくなります。まさに、「女性同士のクチコミ会話」をPOP上で再現するのです。

その他、キャッチコピーなどに「えっ!?」「おぉっ！」「まぁ～」などの感嘆詞を使用すると、目をひきやすくなります。

このような工夫が、女性客にとって読みやすく理解しやすいPOPとなり、女性の心をつかむことにつながるのです。

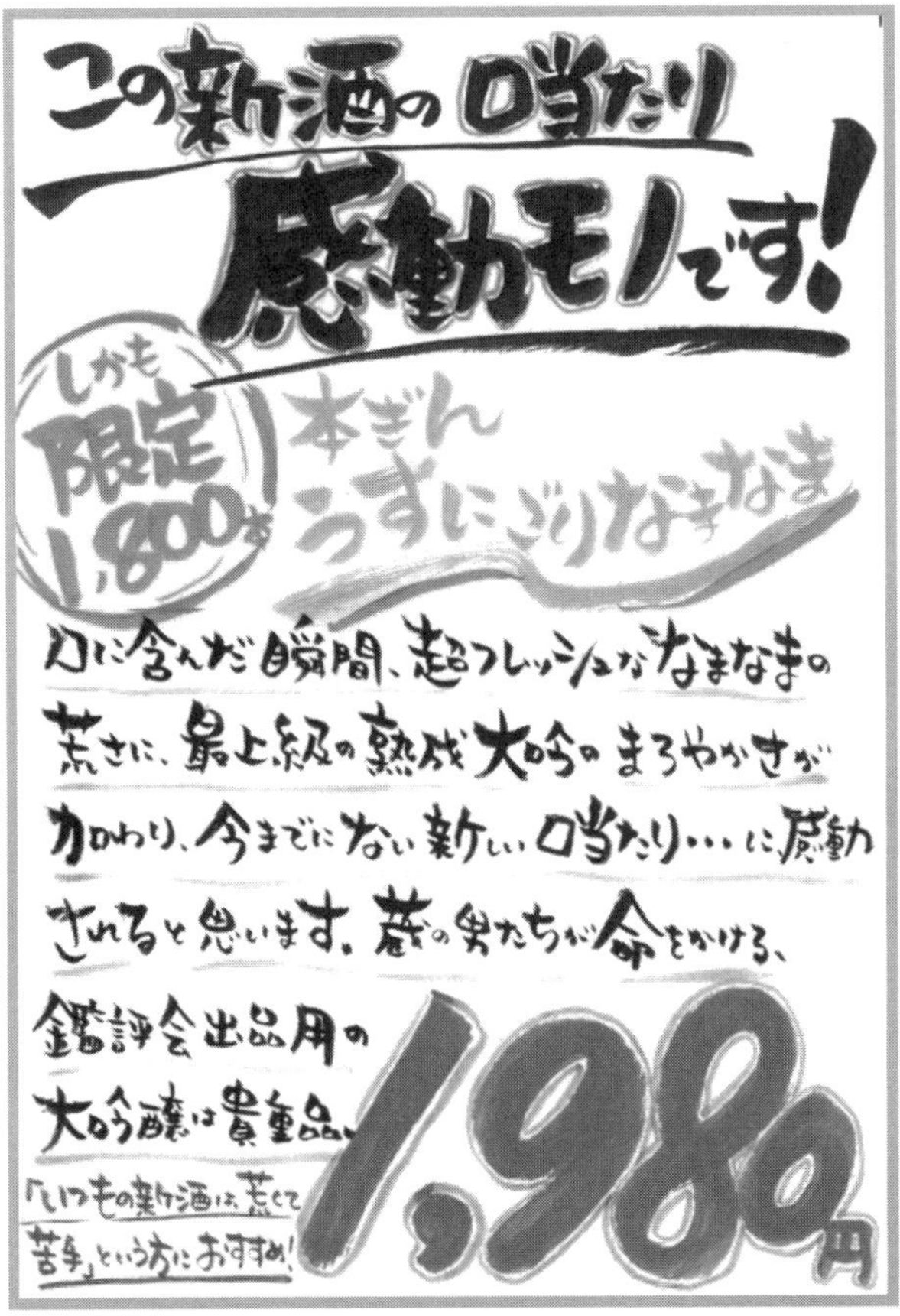

キャッチコピーに話し言葉を利用した例。感嘆詞を入れることで、目をひきやすくなる他、感情も伝わりやすくなる

〈奈良　中谷酒造株式会社様　本ぎんうすにごりなまなま〉

Section 6

ルール3：直線よりも曲線でやわらかな癒しを

●POPそのものも女性が好む形に

これまでにも説明してきたように、女性は男性に比べ「やわらかさ」を好みます。文字であれば、カタカナや漢字よりも平仮名を、ボールペンの字よりも筆やマジックのような丸みのある文字を「カワイイ」ととらえているのです。

これは、POPの内容だけではなく、POPそのものの形や縁どりにも応用できます。

左ページ上の写真が丸い形のPOPになります。この例では商品の形を連想させるために丸いPOPを使用していますが、必ずしも丸いPOP＝丸い商品である必要はありません。例えば、商品のパッケージが四角いものを大量陳列する場合、丸いPOPを使用することでPOPを目立たせることができます。

さらに、女性が好きな「ごちゃごちゃ」「やわらかさ」を丸いPOPで表現するには、POP用紙を丸く切る際にハサミなどを使わず手でちぎるとよいでしょう。

四角いPOPの場合は、縁どりを定規などを使用した直線ではなく、ルーズに書くとやわらかい印象を与えることができます。左ページ下の例のように、筆ペンや色鉛筆を使用するとよりよいでしょう。

●売場づくりにも当てはめられる

この法則は、POPだけでなく売場づくりなどにも応用できます。四角い売場面積に四角い陳列棚を並べるのではなく、丸い売場や什器を採用するのです。実際、女性客をメインにしているショッピングセンターなどでは、通路を直線ではなく、ごちゃごちゃ感を出すよう入り組んだ通路をつくっているところも多く見かけるようになりました。こうすることで、「どこを歩いているのかわからない」と思わせることで店が多くあるように見せたり、ショッピングを楽しくさせたりする効果があるのです。千葉県浦安市の有名レジャー施設でも、直線通路は中央のみで、その他の通路は入り組んでおり、楽しさを演出しているのです。

このように、女性はPOPでも売場づくりでも「やわらかさ」を感じられるところにひかれるのです。

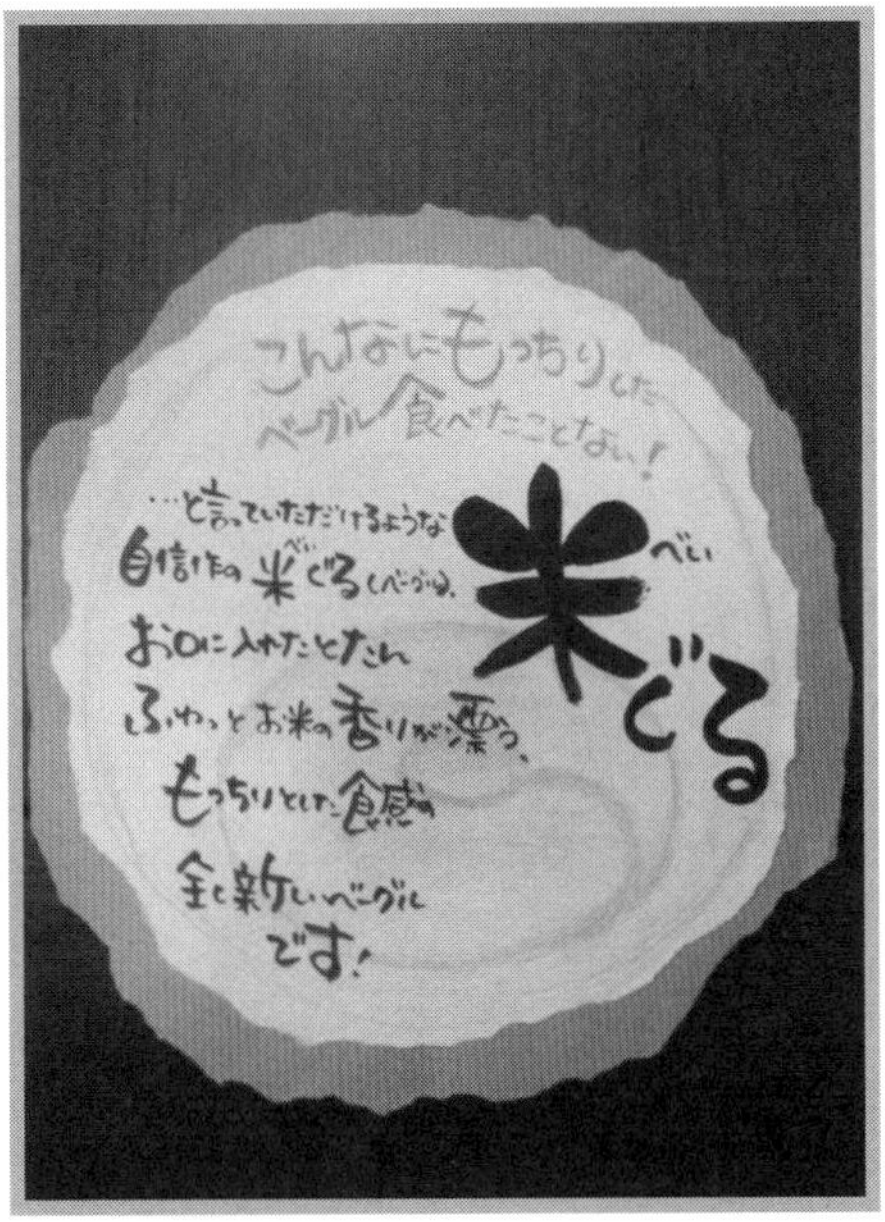

女性が好む「丸み」「しなやかさ」をPOP自体を丸く切ることで表現する。はさみは使わず、手でちぎる

手でルーズにちぎったPOPは、やわらかい印象を与える。筆文字がより映える

Section 7

ルール4：寒色よりも暖色であたたかさの演出を

●色で魅せる演出

ＰＯＰは、商品を魅力的に見せる他、店内に活気を与える役割を持っています。例えば、町でよく見かける「閉店セール」や「バーゲン」などのＰＯＰには、多くの場合原色が使われていて、店が派手に見えるようになっています。また、20代前半の女性が好むお店には、ピンクやオレンジなどの明るくやわらかい印象の色が多く使われています。このように、ＰＯＰの色で与える印象も変わるのです。

●ＰＯＰに向く「暖色使い」

色の種類を大きく2種類に分けると「暖色」と「寒色」に分けることができます。暖色とは、視覚からあたたかい印象を与える色のことをいい、赤・橙・黄色などが分類されます。比較的進出して見えるので、別名「進出色」とも呼ばれています。暖色は、情熱や愛情、幸福、健康などを連想させるため、ＰＯＰ以外にもマーケティングの現場において、よく使用されています。店に入ったときや商品をはじめて見て興奮したとき、衝動買いしてしまった経験は誰にでもあると思いますが、消費活動は興奮状態にあるほど促進されます。つまり、小売業のＰＯＰには最適な色なのです。さらに、接客がメインになるサービス業においても、親しみやすさやあたたかさを演出するために暖色を使用することも効果的です。

それに対し寒色とは、視覚から寒い印象を与える青色やそれに近い色のことをいい、別名「後退色」とも呼ばれます。この寒色には、主に鎮静作用・食欲減退作用などがあるとされているため、ＰＯＰにはあまり向かない色といえるでしょう。

ＰＯＰの中に上手に暖色を取り入れるには、2つの方法があります。ひとつは、文字の一部に採用する方法、もうひとつはＰＯＰの台紙に採用する方法です。特に、暖色系の台紙を使用するとＰＯＰ全体が浮き上がって見えるため、私も積極的に採用しています。

女性は、男性に比べて暖色を好む傾向にあります。店舗の活気演出のためにも、消費行動の促進のためにも、ＰＯＰに暖色を取り入れることが重要なのです。

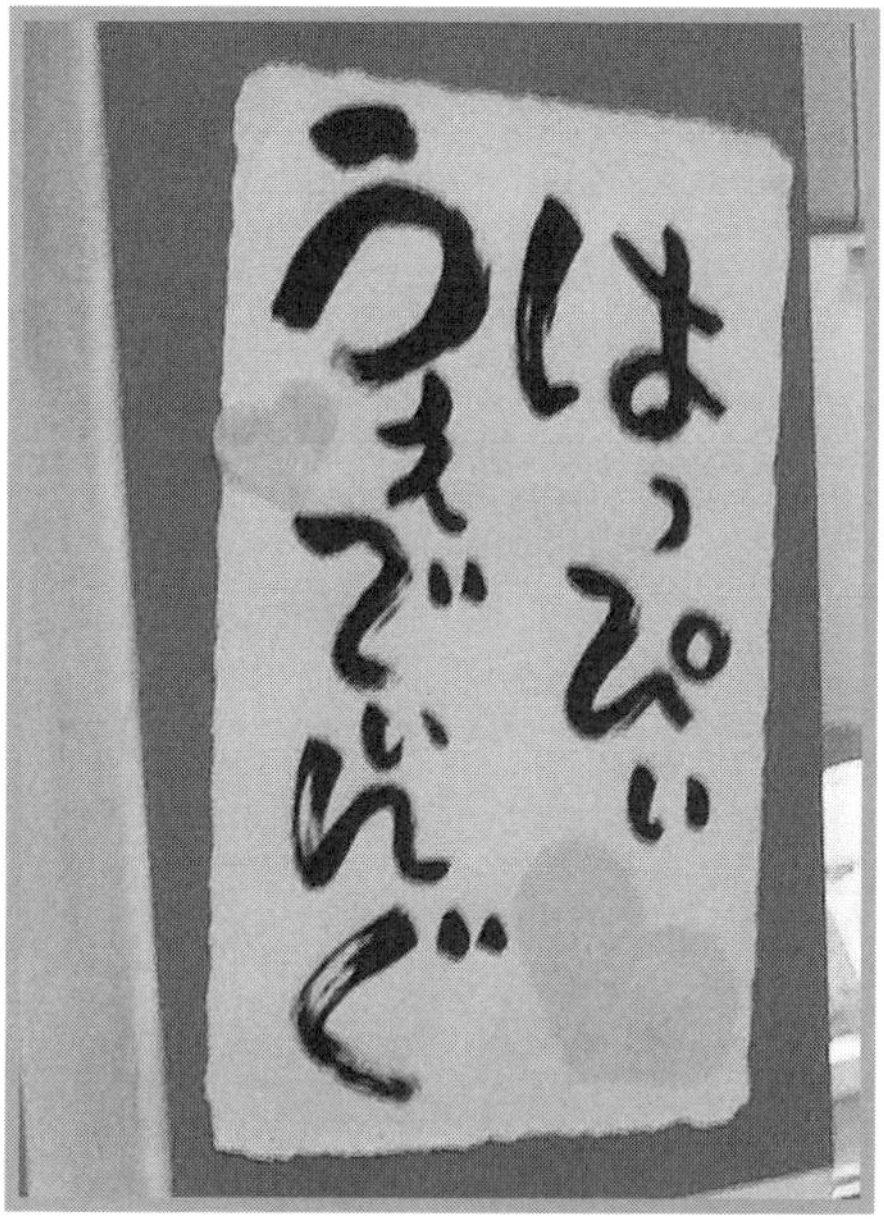

あたたかな印象を与えるため、字を書いた白地のPOPに、赤色の台紙やピンク色のハートの絵柄をつけ加える

「ひなまつり」を演出するよう、売場づくり、POPづくりに赤やピンクを多用した例。売場・商品・POPの一体感で訴求力はアップする

Section 8

ルール5：「ちゃんと」より「ごちゃごちゃ」が好き

私はPOPを書く際、できるだけ紙面の空白を埋めるようにしています。空白の多いPOPの場合、文字やイラストが小さくなりやすく、遠くから見ても認識できない可能性があります。さらに、POP全体が寂しく見えることもあり、購買意欲をかきたてるには向いていないのです。よく「ごちゃごちゃ細かく書くと読みにくいのでは？」といわれますが、空白が多く寂しく感じるPOPでは目をひくことさえできないため、読んでもらえないことが多いのです。

それに対し、空白のないPOPの場合は、文字やイラストが大胆に見えるため、読みやすく見やすくなり、訴求力も高まります。訴求力があるPOPは、売場に設置した際にお客様の目をひきやすいため、中身を読んでもらいやすくなります。つまり、「売れるPOP」には空白の少ない大胆なPOPが必要になるのです。この「ごちゃごちゃ感」は、女性の心をつかむための重要な要素でもあるのです。

●女性客は自分の好む情報を見つけるのが得意

例えば、バーゲンなどのように商品がごちゃごちゃ並んでいるとお買い得感を感じ、意欲的に買い物をします。女性はごちゃごちゃした中からでも、自分が気に入った商品を見つけ出すのが得意です。これと同じように、ごちゃごちゃと書かれたPOPやチラシの中からでも、自分にとってお得な情報を見つけ出すことが得意なのです。つまり、「ごちゃごちゃ感」のあるPOPの中に、女性客が好む情報や書き方を盛り込めば最後まで読んでもらえるのです。

さらに、「ごちゃごちゃ感」のあるPOPでは、以下のような特長もあります。

①POPが大胆かつ派手に見える
②情報量が多く見える
③お買い得感がある

ここに、手書きや色使いで「やわらかさ」「あたたかさ」の表現を加えれば、女性客の目をよりひきつけやすくなりますし、口語体の文章で理解しやすいセリフをつけ加えれば、より女性客の心をつかむPOPとなるでしょう。

新聞紙大の紙（A2 ～ A1 サイズ）に、自店のこだわりや想いを、ごちゃごちゃと書くことで、POP 自体の存在感もアップする

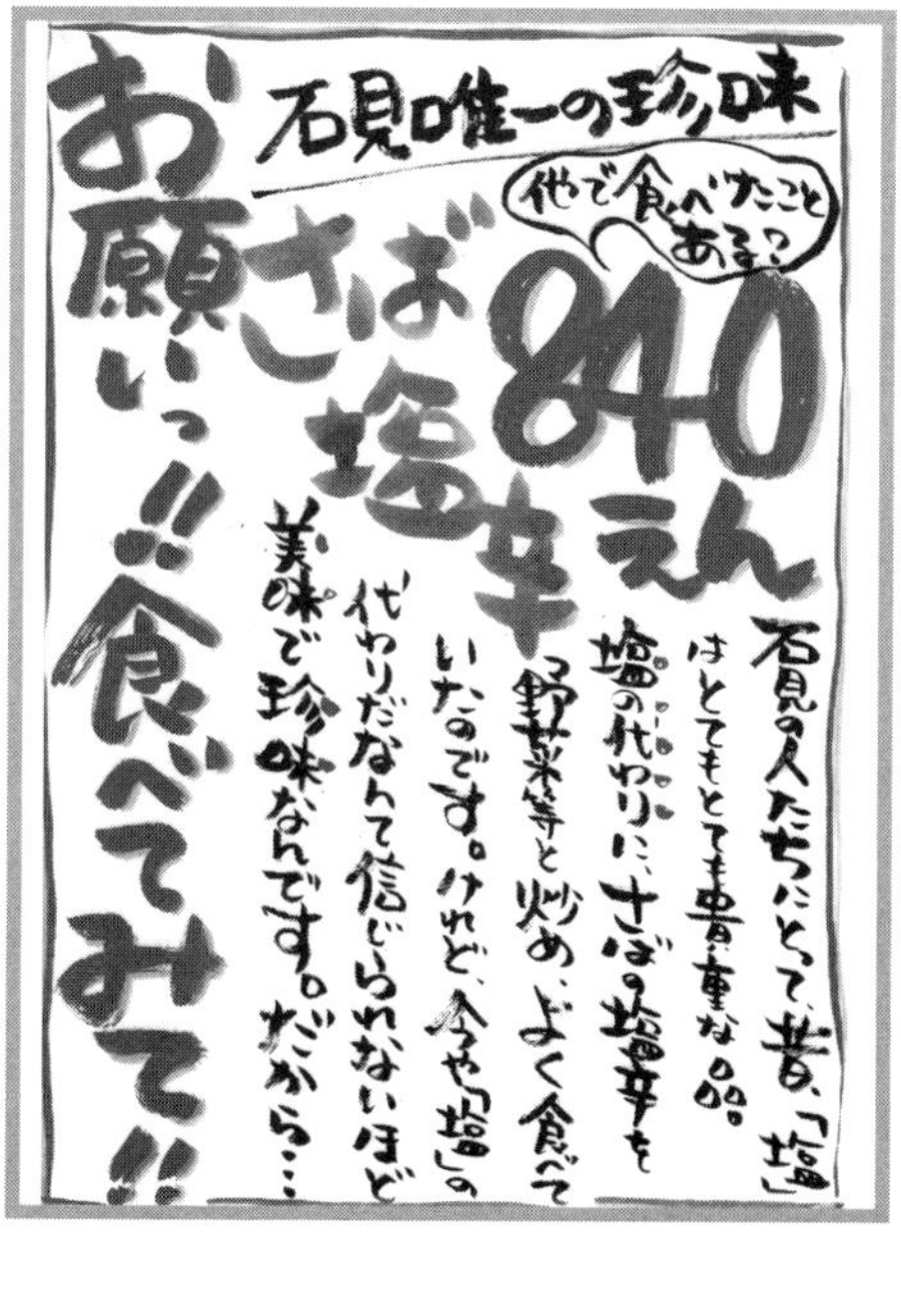

キャッチコピーや、アイキャッチがあれば、ごちゃごちゃと書いても、目をひく POP になる

Section 9

ルール6：活字よりも手書き文字で親近感を与える

ＰＯＰは、商品の特長やよさをお客様に伝える、いわば手紙のようなものです。パソコンで書かれた手紙と手書きの手紙、気持ちが伝わりやすいのはどちらかを考えれば、ＰＯＰもパソコン文字と手書き文字のどちらがよいかがわかるかと思います。手書きには心がこもっているように感じられるため、あたたかさや親近感を伝えることができるのです。

しかし、あまりに達筆な文字のＰＯＰでは、パソコン文字と変わらないくらい整理されて見えるため、手書きＰＯＰのあたたかさは伝わりにくくなります。そこで、手書きＰＯＰに適した文字の例をご紹介しましょう。

① 丸みを帯びた文字
② 縦長よりも横長の文字
③ 右上がりより右下がり

これまでにも説明したように、女性は「やわらかい」表現を好みます。そのため、「はね」や「はらい」「止め」が明確な美しい文字よりも、それらを無視した丸みのある文字がＰＯＰにやわらかさを出してくれるのです。

さらに、縦長に細く流れるような文字の場合も美しさは表現できますが、あたたかみは感じられません。そのため、横長に書くように意識するとよいでしょう。また、習字での鉄則は右上がりですが、ＰＯＰの場合には右下がりに書くと、力の抜けたやわらかな文字に見えます。

●注意点は自店のターゲットに合わせること

しかし、ＰＯＰで「売れる」ようにするために重要なのは、お客様の心により響くようにすることであり、ターゲットの性別や年齢を考慮したＰＯＰを書くことです。例えば、女子高生の文字を高齢者が解読するのは難しかったり、おじいちゃんの達筆な文字を女子高生が読みにくいと思ったりするのと同じように、文字にも性別や年齢が表れやすいのです。そのため、自店のターゲットに合わせた文字でＰＯＰを書くことも大切なのです。一人のスタッフで数種類の文字を書き分けることは困難でしょうから、ターゲット層に近いスタッフがＰＯＰを書くとよいでしょう。すると、同年代にも読みやすいＰＯＰとなるのです。

特徴的でデザイン性の高い文字は商品 POP には適さないが、メッセージ POP では注意をひくことが可能

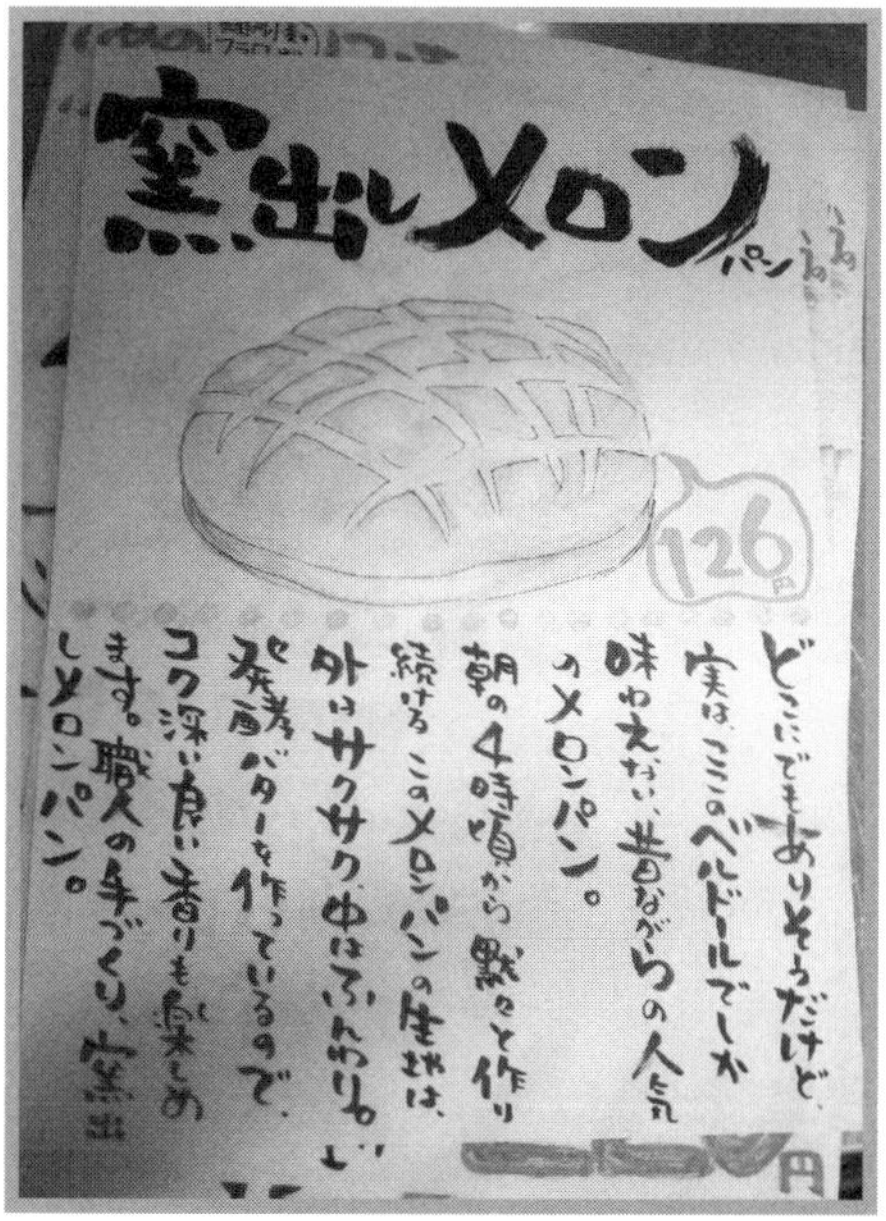

パン屋さんのターゲット層は 30 ～ 40 代の主婦であることから、手書きの POP で可愛らしさを演出することも重要

Section 10 ルール7：マジック文字よりも筆文字で

●心がこもっていることを表すには

これまで説明してきたように、女性客に訴求するPOPには、「あたたかさ」「やわらかさ」「癒し」が効果的です。それらをPOPで上手に表現するためには、書く内容よりも前に筆記用具を工夫するとよいでしょう。

例えば、ボールペンとマジックペンで同じ文字を書いてみてください。きっと、マジックで書いた太い文字の方が、やわらかさを表現できているのではないかと思います。さらに、同じ文字を筆ペンを使って書いてみてください。さらにやわらかさが増すと思います。つまり、同じ文字を書く場合でも、筆記用具によって相手に与える印象が変わってくるのです。

これは、POPだけでなく手紙などにも応用できる技術です。同じ内容の手紙を送るのでも、筆で書いたものとボールペンで書いたもので比較すると、筆の方が心がこもっているように感じるようです。

●女性向けPOPの基本の筆記具

POPを書く際に私が使用する筆記用具は主に次の3種類になります。

①筆ペン……キャッチコピー・商品名・価格・縁どり
②マジック……セリフ
③色鉛筆……イラスト・背景・縁どり

筆ペンとマジックを使用する理由は前述の通りです。さらに、私はイラストを書くときは多くの場合には色鉛筆を使用します。それは、タッチによって濃淡をつけやすく、やわらかい印象を与えることができるためです。また、筆やマジックなどの文字とも相性がよく、文字を邪魔することなく背景のようにイラストを書くことができるのです。

さらに、私がおすすめしている筆文字は、書道のような達筆なものではなく、感性に任せた「くずし文字」ですから、文字の上手下手はほとんど関係ありません。事実、私は習字の経験などほとんどないのです。筆ペンやマジックを使ったPOPは、誰でも書ける女性客向けPOPなのです。「くずし文字」の書き方は188・189ページでご紹介します。

書道のような整った文字よりも、少しくずした感じの筆文字はやわらかい印象を与えられる

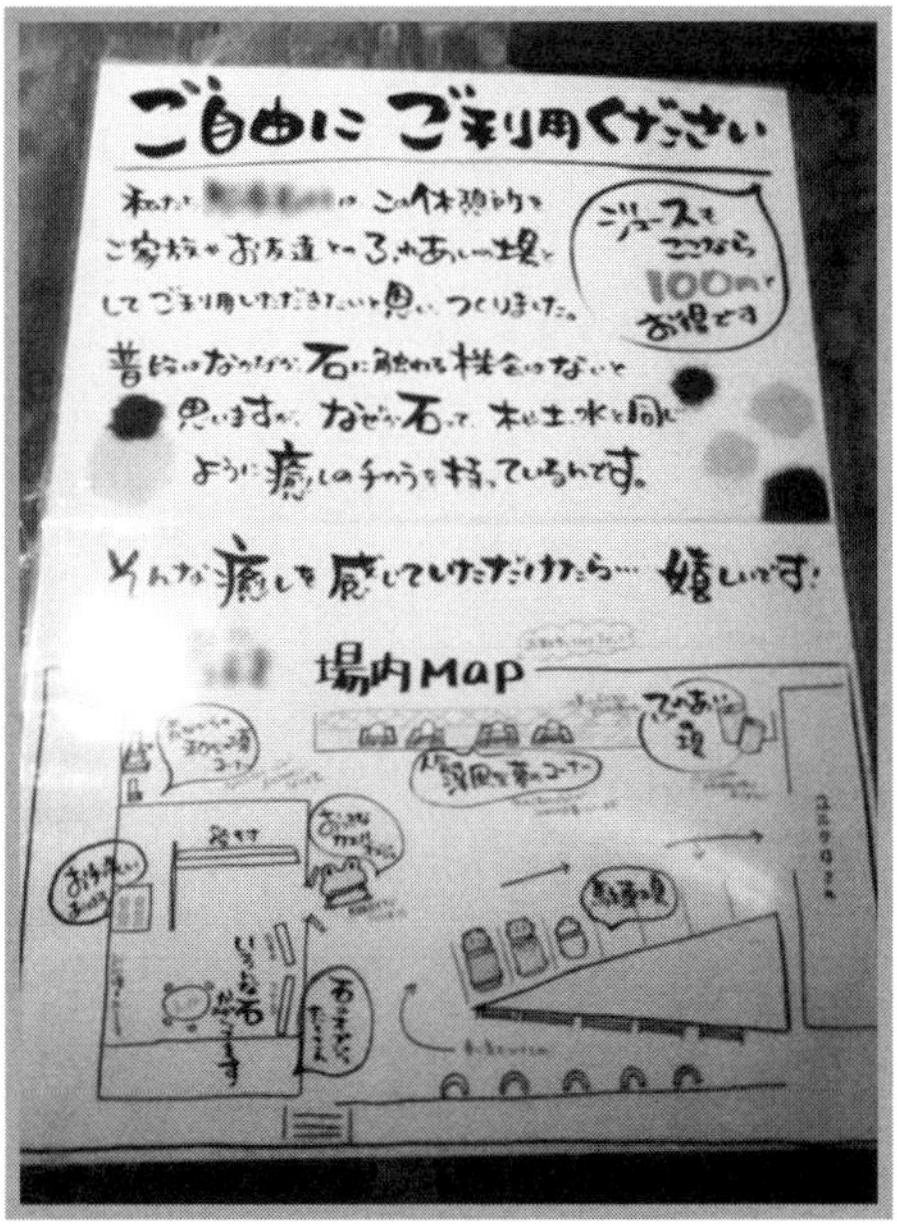

マジックペンで書くよりも、筆文字で書くとよりやわらかい印象に。細かい文字はマジックペンやボールペンを使うとよい

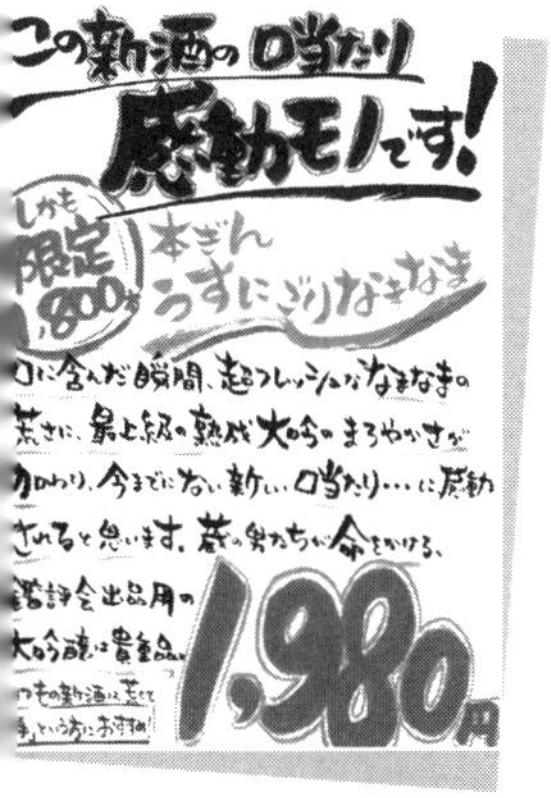

5章 誰でも書けるPOPのレイアウト

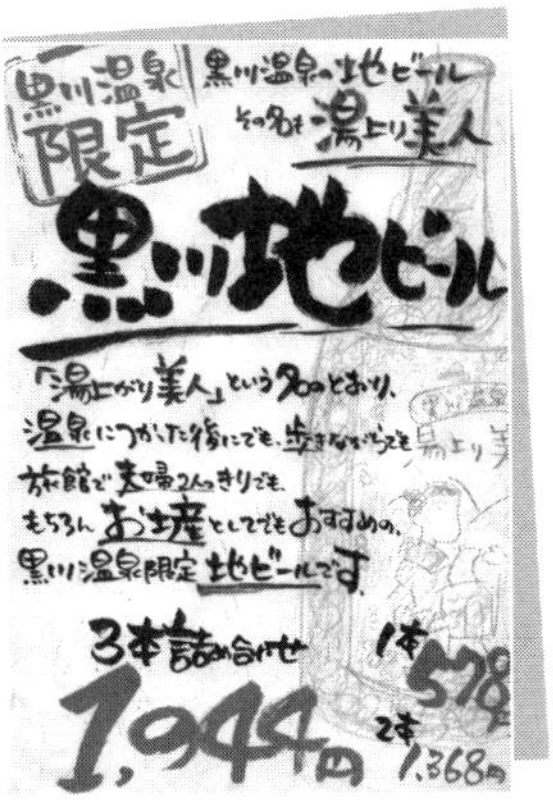

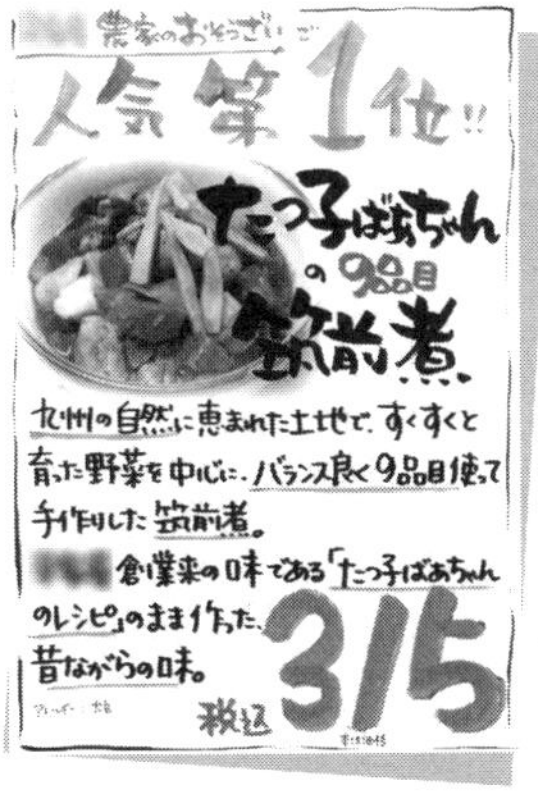

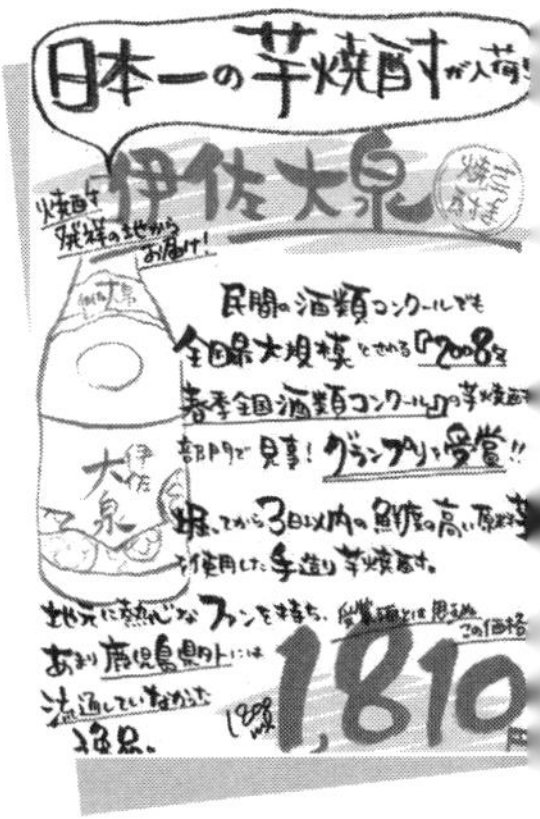

1　キャッチコピーで売れるPOPレイアウト
2　お買い得感で売れるPOPのレイアウト
3　アイキャッチでひきつけるPOPのレイアウト
4　高級感を出したいときのレイアウト
5　ポスター風POPのレイアウト

Section 1

キャッチコピーで売れるPOPレイアウト

●まずは基本のレイアウトを覚えよう

売れるPOPを書く際に、最も効果的で基本となるレイアウトをご紹介しましょう。商品の特長や魅力を、ワンフレーズで簡潔に伝える「キャッチコピー」を訴求する場合に使用します。

【重要なポイント】

①キャッチコピーは、POP紙面の4分の1程度の面積を使って書く
②キャッチコピーは、原色を使って書く
③キャッチコピーは、できる限り簡潔に書く

この場合、キャッチコピーを目立たせたいのですから、POPの紙面においてもキャッチコピーの占める面積を大きくすることが必要となります。

POPの用紙が縦型でも横型でも、最初に目がとまる場所は、紙面の上部です。ですから、目立たせたいキャッチコピーは、紙面最上部に書くようにします。そうすることで、遠目で見てもキャッチコピーを認識させることができるのです。

例えば、A4サイズの用紙で、上部4分の1程度を確保したキャッチコピーは、3メートル手前からでも文字を読み取ることができます。認識しやすいよう、できるだけ簡潔に書くことも重要です。

キャッチコピーに注目してもらうには、赤やオレンジなどの暖色系、かつ、原色を使用して書くなど、遠くからでも認識しやすい色を使用するとよいでしょう。暖色系の色は、情熱やあたたかみ、親近感を与えるといわれており、クールなイメージを与える寒色系（青・緑など）よりもPOPには適しているといえます。

キャッチコピー以外は、商品名と価格、商品説明、商品のイラストや写真などを載せます。中でも、価格は購買活動には重要な要素になるため、キャッチコピーと同様に大きめに書くことをおすすめします。

商品は、記載してあれば小さくても構いません。購買活動に必要なのは商品名ではなく、商品特長を表すキャッチコピーなのです。

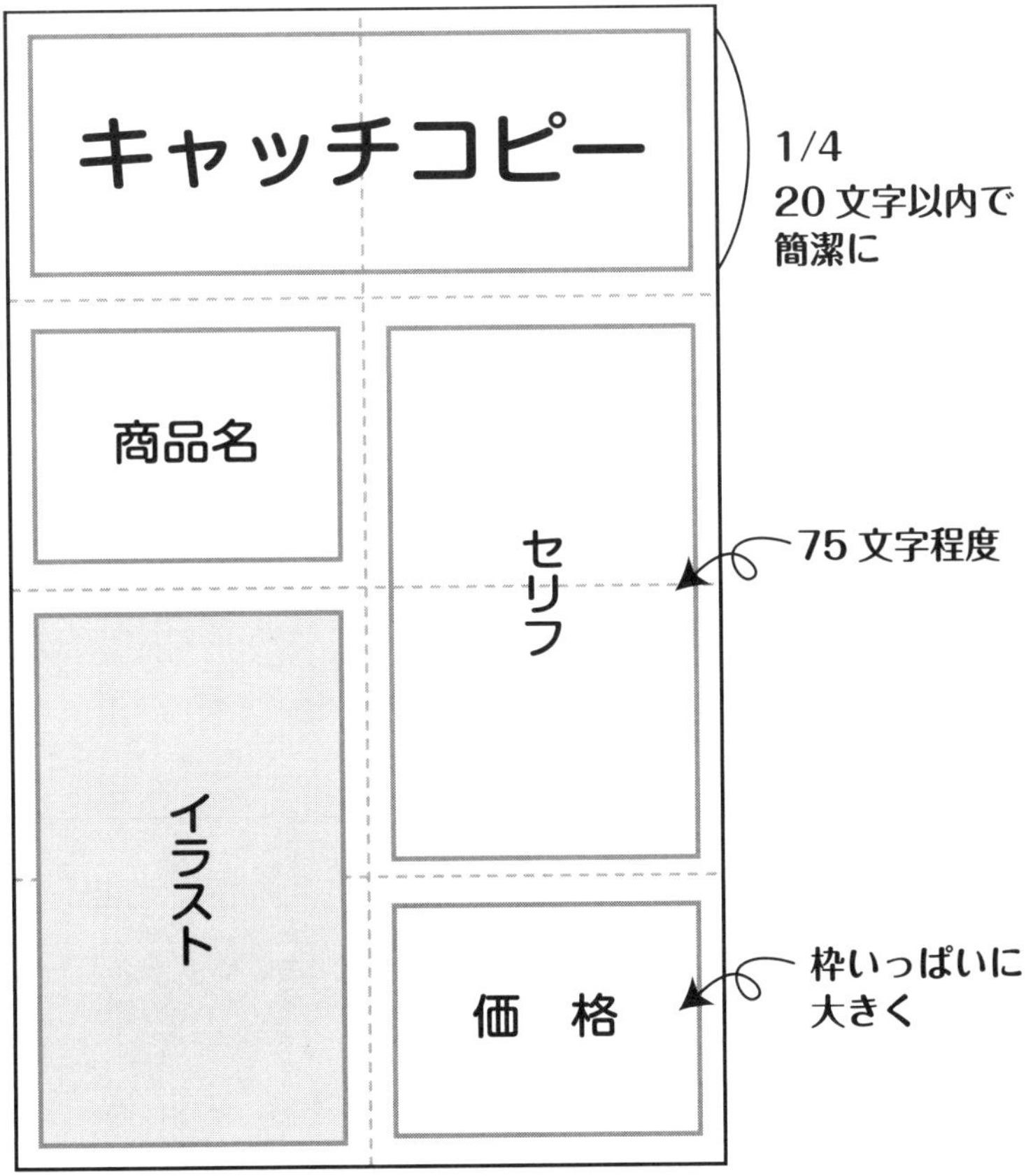
キャッチコピー
1/4
20 文字以内で
簡潔に
商品名
セリフ
75 文字程度
イラスト
価　格
枠いっぱいに
大きく

キャッチコピーは

- 1/4 程度の面積を
- 原色を使って書く
- できる限り簡潔に

Section 2

お買い得感で売れるPOPのレイアウト

●単純明快がカギ

次は単価の低い商品や、お買い得感を出したい商品などのPOPとして適しているレイアウトです。

同じ商品のPOPであっても、その書き方によってお買い得に見せることが可能になります。そのポイントは次の3つです。

【重要なポイント】

①価格は、紙面の4分の1以上の面積を占めるように書く

②価格は、赤色または朱色で書く

③価格は、できるだけ太く大きく、読みやすいゴシック体で書く

スーパーマーケットやディスカウントストアなどで最も多い種類のPOPといえるでしょう。同じ商品でもお買い得に見せるためには、商品の価値に対する価格が安いように見せる必要があります。お客様にとって、POPの中で1番目立つ情報が最も価値のある情報に見えます。つまり、価格を大きく書けば書くほど、お買い得なイメージを与えることができるのです。

また、お買い得感を演出するためには、POPにデザイン性をあまり持たせないようにし、見やすさ、わかりやすさを重視した単純明快なPOPにするとよいでしょう。そのためには、パソコンであればゴシック体など、手書きであれば太字のマジックペンなどを使用して書くことをおすすめします。

●お買い得感にもうひと工夫

このように、お買い得感を見せるためには「価格」情報が最も重要なポイントになるのですが、商品名と価格だけではプライスカードと変わりません。「売れるPOP」にするには、POPの中に「お買い得である理由」を明記する必要があります。

たとえば、「数量限定」や「本日のおすすめ」、「タイムセール」などがよいでしょう。それを書くだけで、商品価値を下げずにお買い得感を演出することが可能になるのです。POP紙面の左上部に、マークのように書くと、より目立って見やすくなるでしょう。

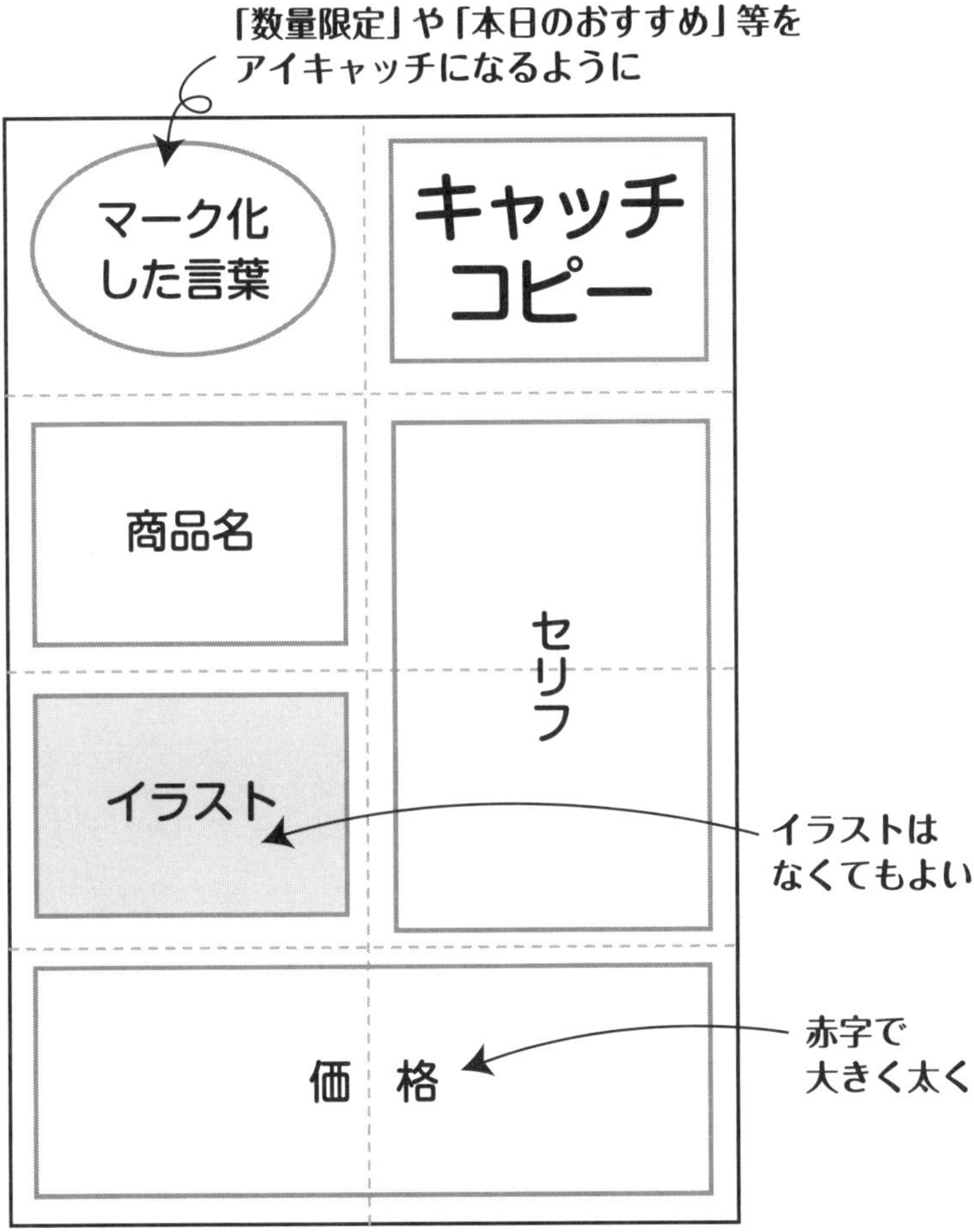
「数量限定」や「本日のおすすめ」等を
アイキャッチになるように
マーク化
した言葉
キャッチ
コピー
商品名
セリフ
イラスト
イラストは
なくてもよい
価　格
赤字で
大きく太く

価格は

- 1/4 程度の面積を
- 赤色（朱色）書く
- 太いゴシック体で

Section 3

アイキャッチでひきつけるPOPのレイアウト

●人の目をひくアイキャッチPOP

アイキャッチPOPは著名人や有名人の御用達商品や、テレビ・雑誌などで紹介された商品、また、生産者の顔が見える商品などに適しているPOPのレイアウトです。

アイキャッチとはその名の通り、人の目をひきつけるための言葉やイラストのことをいいます。POPの場合、商品特長を簡潔に表す「キャッチコピー」が必要になるため、キャッチコピーをイメージ化したイラストや写真をセットにし、アイキャッチとするとよいでしょう。

【アイキャッチに適したイメージ】

①POPの商品をおすすめしている有名人のイラスト
②POPの商品が紹介された雑誌の切り抜きや表紙
③テレビ番組で商品が紹介された場面の画像
④POPの商品をつくった人の写真
⑤POPの商品を利用している有名店や有名ホテルなどの写真

以上のようなポイントをおさえていると、POPのアイキャッチとして効果を発揮し、お客様の目をひきつけることが可能になります。ただし、テレビ番組や雑誌、店舗の写真などを掲載する際には、許可が必要になるため、確認が必要です。許可を得られない場合は、自身でイラスト化します。

●アイキャッチPOPの書くコツ

アイキャッチは、遠くからでもPOPやその商品の存在を目立たせる必要があるため、POP紙面の4分の1～半分程度の面積を占めるように書きます。よりお客様の目をひくためには、横型POPの場合はアイキャッチを左側に、縦型POPの場合は上部に入れると、より効果的です。また、アイキャッチとして書いたイラストや写真を簡潔に説明するキャッチコピーも必要です。「あの有名人も絶賛！」「某有名料亭も御用達！」など、できるだけ簡潔に書くとよいでしょう。

最後に、商品を陳列しPOPを設置した後には、3～5メートル手前からでも認識できるかどうかを確認することをおすすめします。

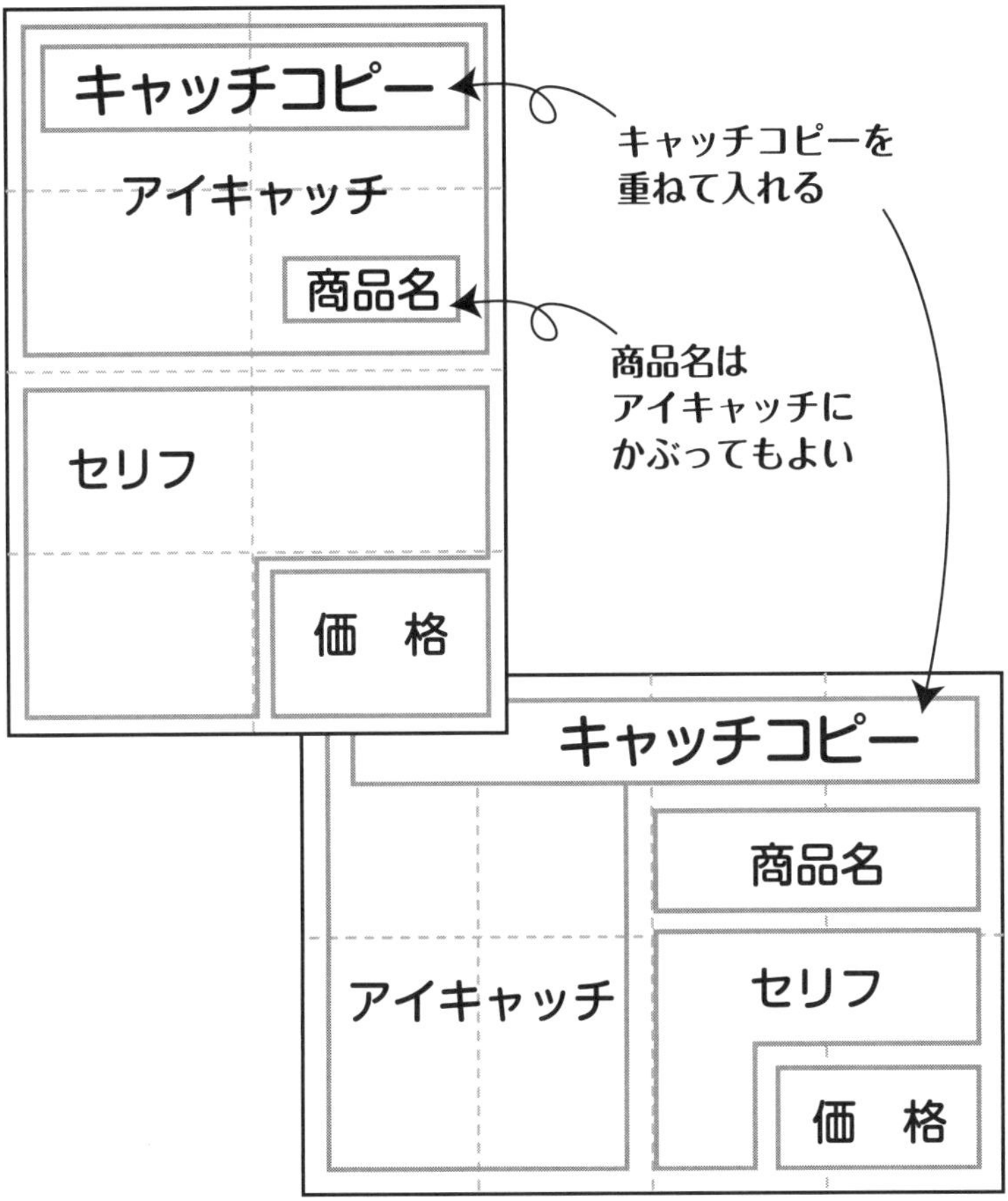
キャッチコピー
アイキャッチ
商品名
セリフ
価　格
キャッチコピーを
重ねて入れる
商品名は
アイキャッチに
かぶってもよい
キャッチコピー
商品名
アイキャッチ
セリフ
価　格

アイキャッチに適しているもの

- 有名人のイラスト
- 紹介された雑誌の切り抜き
- 紹介されたＴＶの画像
- 商品をつくった人の写真
- 商品を利用しているお客様の写真

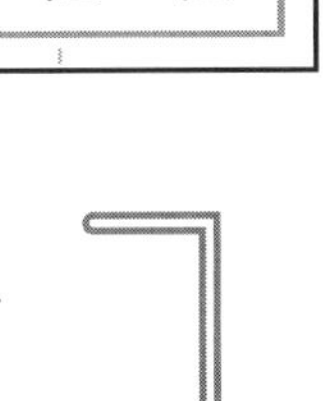

Section 4

高級感を出したいときのレイアウト

●レイアウトは売場づくりと似ている

高価な商品を販売する際に、お買い得感を訴求するPOPを設置しては、商品の価値を落とすだけです。高価な商品を販売するときに適しているPOPのレイアウトをご説明します。

POPのレイアウトを考える際に参考となるのが、実は売場レイアウトです。ここでは、ディスカウントストアと百貨店の売場レイアウトの違いについて考えてみましょう。ディスカウントストアの場合、お買い得感を演出するために、棚の高さを背丈よりも高く設定し、できるだけ売場面積を商品で埋める努力をしています。通路幅もできるだけ狭く設定しています。それに対し、高級なイメージを保ちたい百貨店では、通路幅は人が何人もすれ違えるほど広く、天井も高く設計され、空間を広く見せる演出をしているのです。つまり、余白を多くすることで高級感を演出しているのです。

これをPOPのレイアウトに置き換えてみましょう。先述のような「お買い得感」を演出するPOPの場合は、価格を大きく太く書いたり、空白をできるだけ埋めるようなレイアウトにしています。これを元に、高級感を演出するPOPを書くとすれば、空白を上手に残しながら、文字のフォントもオシャレに、小さめの字で書けばよいのです。

●高級感を出すPOPを書くコツ

高級感を演出するPOPを書くコツは、

① 空白を紙面の3分の1以上残す
② 文字は紙に対して小さめに書く
③ 原色はできるだけ使わない
④ フォントにゴシックやPOP体は使用しない
⑤ 額に入れる

などの方法があります。

ただし、高級感を演出するPOPでは、「売り」の要素は弱まるため、売上を上げる効果的なPOPとはいいにくいのが実情です。売場のPOPがすべて「高級感」を演出したPOPにならないよう気をつける必要があるでしょう。

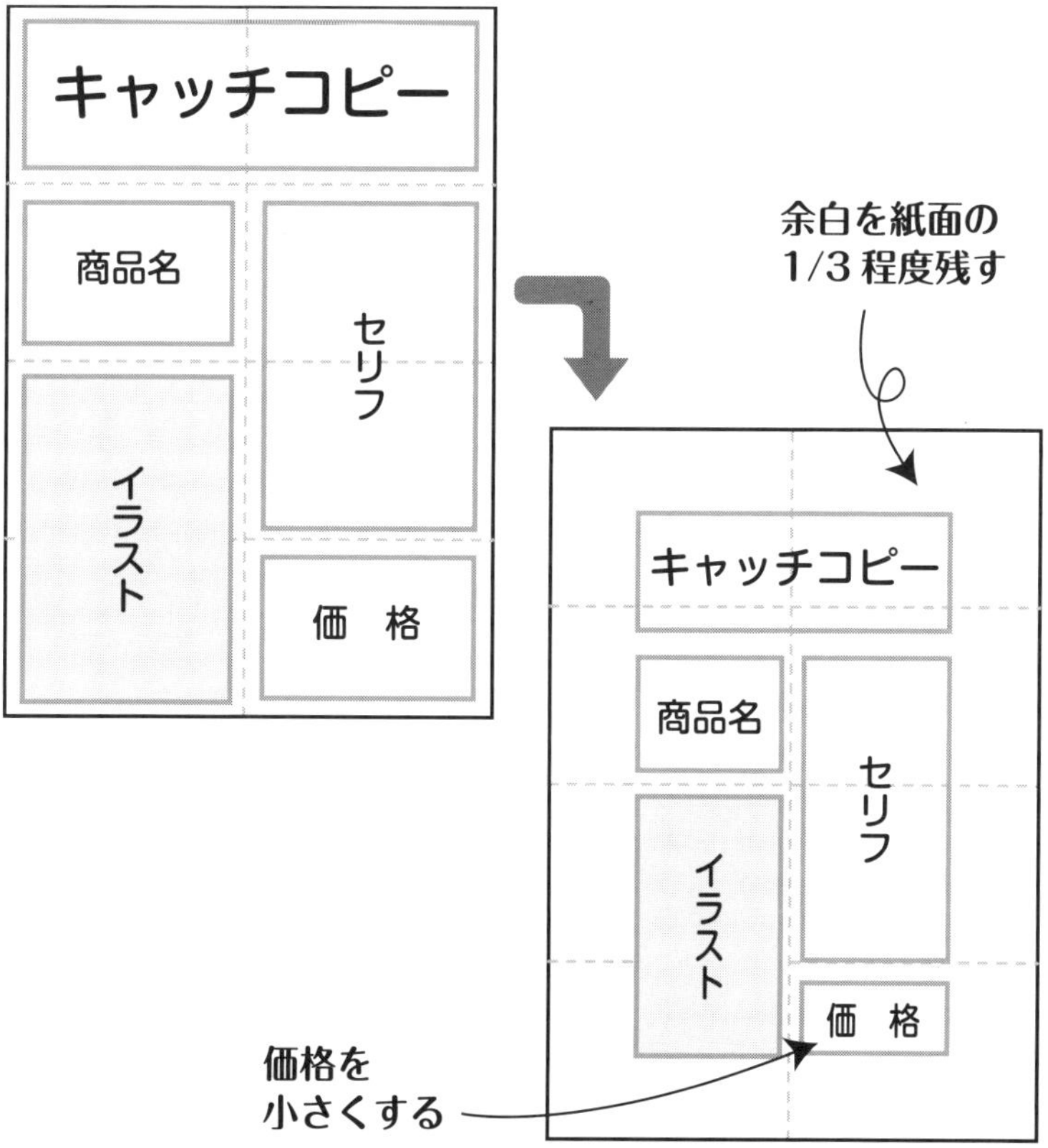
キャッチコピー
商品名
セリフ
イラスト
価 格
余白を紙面の
1/3 程度残す
キャッチコピー
商品名
セリフ
イラスト
価 格
価格を
小さくする

高級感を出すには

- 空白を 1/3 以上残す
- 文字は小さめ
- 原色は使わない
- ゴシック体・POP 体は使わない
- 額に入れる

Section 5

ポスター風POPのレイアウト

広い意味では、売場のポスターもPOPの一部になります。「売り」要素の強いPOPだけではまるでディスカウントストアのようになってしまうため、女性をメインターゲットとし、雰囲気づくりも重要な菓子業界や服飾業界等では、これから説明するようなポスター風のPOPを上手に取り入れるとよいでしょう。

ポスターとは、近くでじっくり読むものでなく、遠目でなんとなく見る販促物であり、先述したPOPとは用途が異なることに注意が必要です。そのため、パッと見の第一印象のよさや、目をひくアイキャッチ、心をひきつけるキャッチコピーなども必要になってきます。

これらすべての要素をバランスよく取り入れたのが、ポスター風のPOPになるのです。

●ポスター風POPを書くコツ

ポスター風POPを書くポイントは次の通りです。

①A2サイズ以上の大きな紙に書く
②価格は入れない
③商品写真やイメージを大きく入れる
④遠目でも認識できるよう3センチ角程度の文字を書く
⑤床上120センチ以上の高い場所に設置する

ポスターは、商品の告知やイメージアップが目的ですから、たいていの場合は店内の壁面やレジ付近、入口付近に設置することが多くなります。商品付近に設置することが少ないため、ポスター1枚で「商品を売る」のは難しいのです。商品の告知とイメージアップが重要な役割ですから、そのためには「売り」要素を消す必要があります。よって、ポスター風POPには価格情報を入れないようにするか、ごく小さめに入れるようにします。

また、遠目で認識できることが最重要ポイントとなるため、最低でもA2サイズ（新聞紙片面サイズ）以上の大きな紙に書くことをおすすめします。

このようなポスター風POPは、売れ筋商品を印象づけるのに効果的です。店頭、入口付近、レジ付近、店内壁面など、お客様の目にとまりやすい場所に、同じものを数枚設置するとよいでしょう。

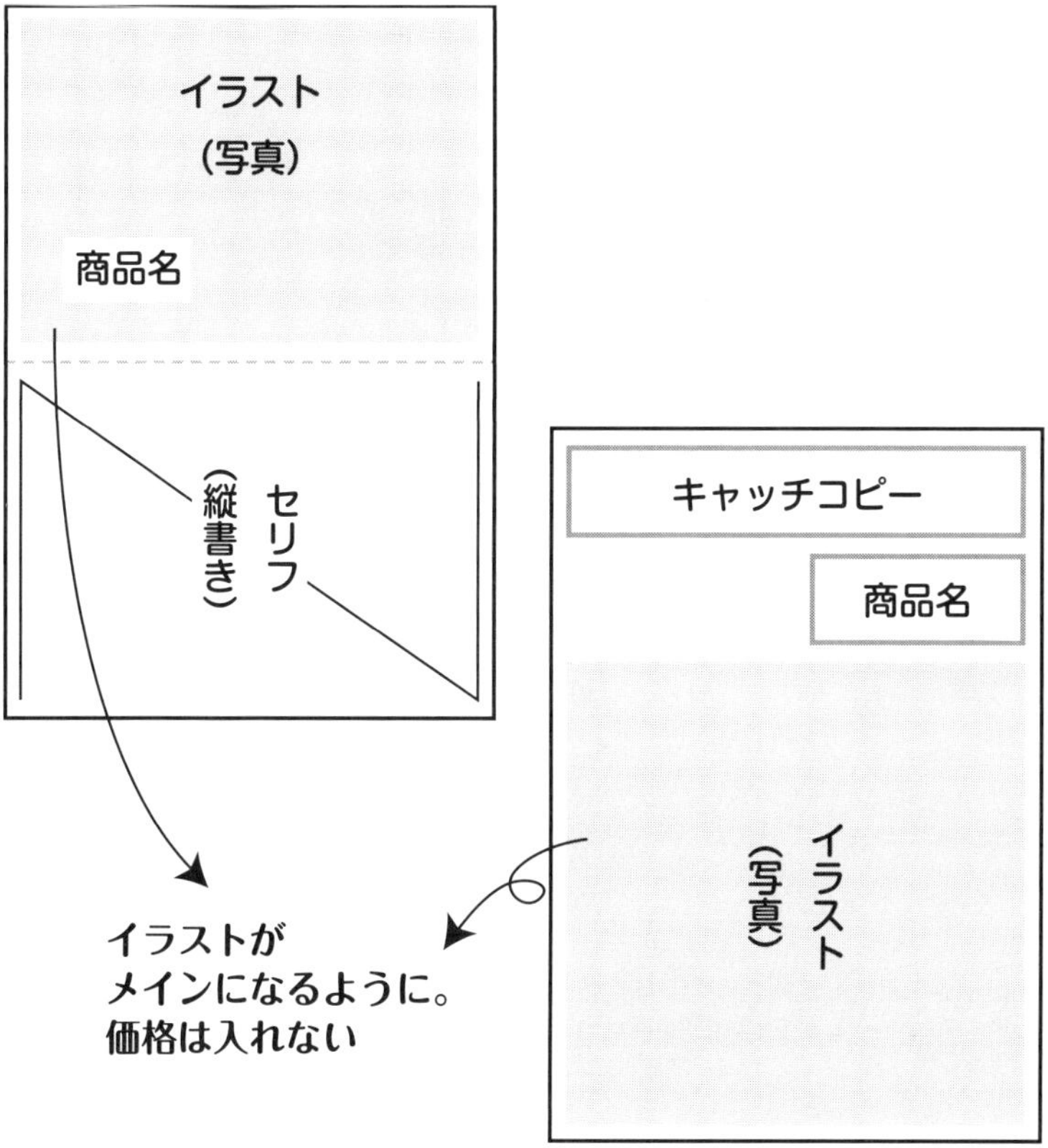
イラスト
（写真）
商品名
セリフ
（縦書き）
イラストが
メインになるように。
価格は入れない
キャッチコピー
商品名
イラスト
（写真）

ポスター風 POP は

- A2 サイズ以上
- 価格は入れない
- 写真イメージを大きく
- 文字は 3 センチ角程度
- 床上 120 センチ以上に設置

6章

買わせるキャッチコピーはこうつくる

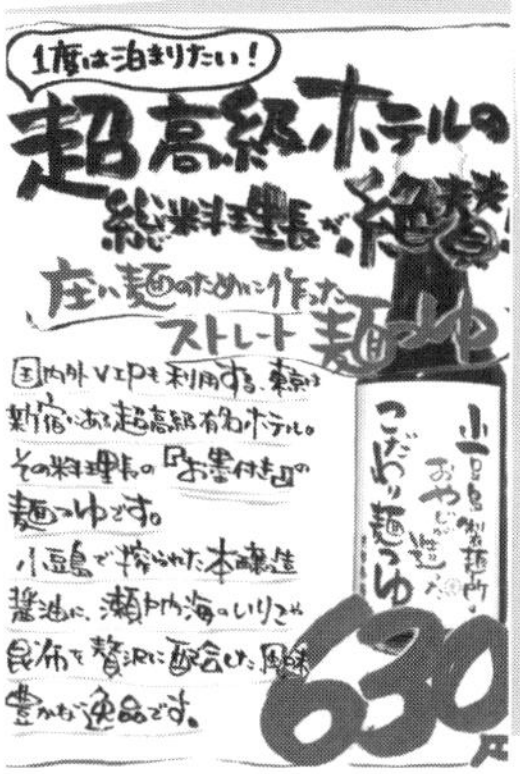

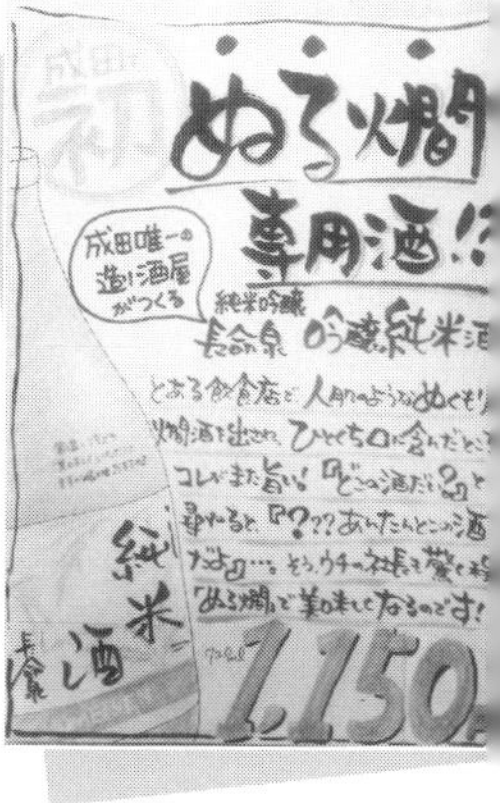

1　著名人愛用・絶賛が１番効果的！

2　マスコミ取材歴は必ず書こう

3　ナンバーワンを訴求する

4　オンリーワンを訴求する

5　ファーストワンを訴求する

6　今しか買えない「時間的限定感」

7　ここでしか買えない「場所的限定感」

8　早く買いたくなる「数量的限定感」

9　地縁性で親近感・安心感訴求

10　価値の高さを裏づける受賞歴

11　人気の高さで安心感を訴求する

12　体験コメントでイメージをわかせる

13　「特売」「SALE」でお買い得感満載

14　インパクトがあれば商品名だけでOK

15　１番いいたいことを素直に伝える

Section 1

著名人愛用・絶賛が1番効果的！

キャッチコピーとは、お客様の目をPOPにひきつけるための一言で、POPのセリフ（「説明文」のこと、7章参照）を読ませるために必要なものです。お客様はすでにPOPを見慣れているため、よほど魅力的な内容でない限りは、じっくり読もうともしないのが現実です。しかし、このキャッチコピーで「読んでみたい！」と思ってもらえれば、長い文章のPOPでも読んでもらうことが可能になるのです。

●「芸能人が愛用！」が効果バツグン

中でも効果的なものは、「芸能人が愛用している」「有名人がお取り寄せしている」「著名人が大絶賛している」という事実を明確にしたものです。つまり、「第三者評価」の中でも、誰もが知っている人物の評価が最も効果的なのです。

左ページ上の例は、2008年夏頃に大人気になったあるスパークリングワインのPOPです。あるテレビ番組で高級シャンパンをいい当てる企画の際、有名司会者が間違えてこのワインを大絶賛したというものです。全国放送で流れた次の日から、この事実をPOPにして販売する酒販店が多く出てきました。すると、今まで名前も知られていなかったようなそのワインが、急に売れ出すのです。

この場合は、超高級シャンパンは飲んだことがないけれど、それに近い味をこの価格で味わえるなら……というお客様が多かったようです。さらに、万人に飲みやすくお手頃な価格だったためにリピート客が増え、2008年の年末までそのブームは続きました。

このように、有名人や著名人の評価をキャッチコピーにする場合、その人物の認知度が重要になります。認知度や人気が高いほどキャッチコピーとしての魅力が増すのです。書き方は、「○○さんが大絶賛」「○○さんがお取り寄せしている商品です」などがよいでしょう。なお、実名の公開が禁止されている場合も多いため注意が必要です。その際は、左ページ下の例のように、「超高級ホテルの総料理長が絶賛」などの表現を使うとよいでしょう。

キャッチコピーと一緒に、アイキャッチとなるイラストや写真を入れると効果的

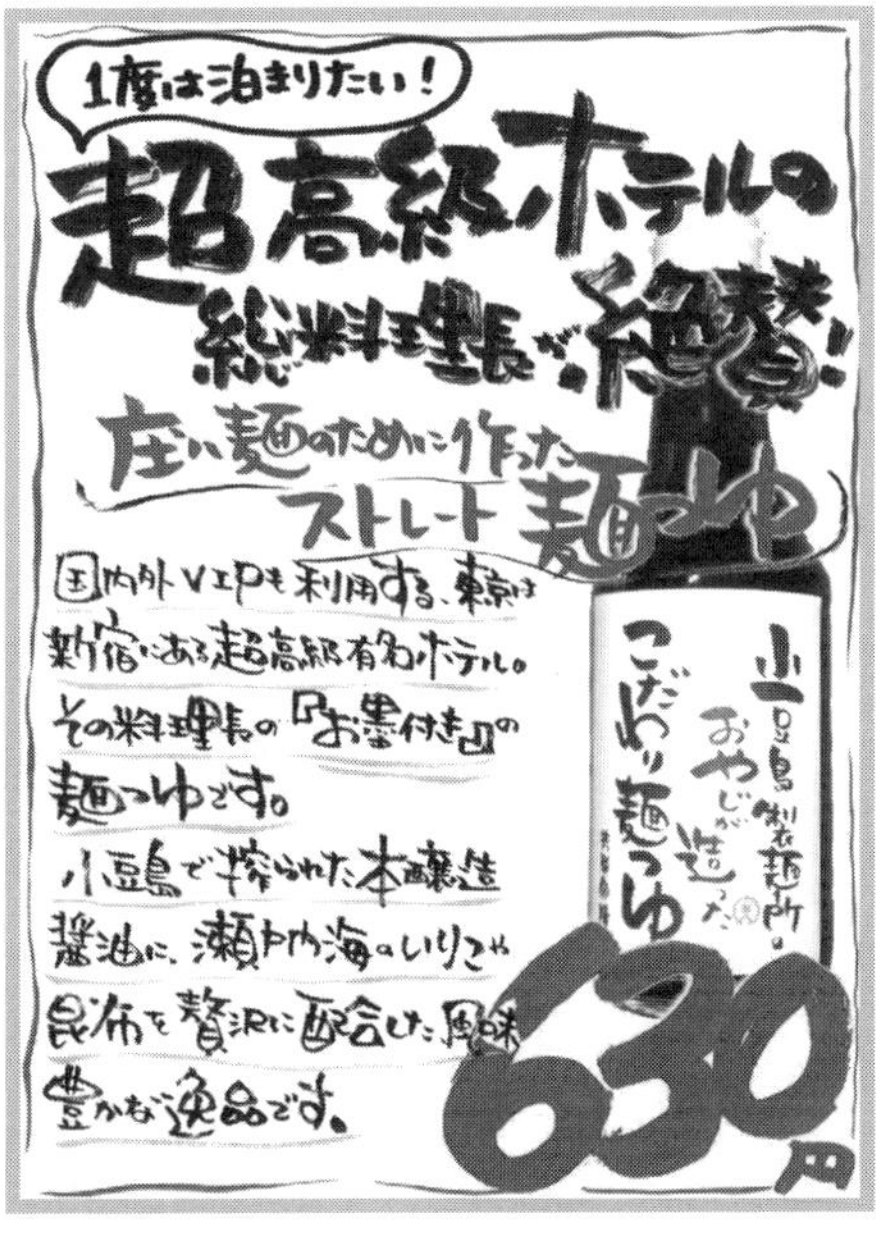

「超高級ホテルの総料理長が絶賛」というキャッチコピーで、商品のおいしさを伝えるPOPになる

Section 2

マスコミ取材歴は必ず書こう

はじめて訪れたお店で商品を選ぶとき、第三者評価が高いものほど安心して買うことができると思います。その評価の高さを表現するために、テレビやラジオ・新聞・雑誌などで紹介された実績をキャッチコピーにする方法があります。

マスコミに取り上げられるということは、「おいしい」「人気」「面白い」など、突出した特長があるお店です。お客様にとってマスコミの情報は最も信じられる情報であり、おのずと評価が高いと感じるのです。取り上げられた時間やページ数が少なくてもよいのです。取り上げられたことに意味があるのです。そのため、キャッチコピーを書くときは、取り上げられた事実をそのまま20文字程度で書くとよいでしょう。

さらに、キャッチコピーにする際のポイントとして、その番組名や雑誌名を明確に表現することも大切です。「○○新聞で紹介されました」「雑誌○○で、お取り寄せランキング1位になりました！」などがよいでしょう。取材を受けた詳細な内容は、POP内のセリフで書くようにします。まずは「取り上げられた」という事実を目立たせるため、キャッチコピーはシンプルにする必要があるのです。この一文で店と商品のブランド価値は十分に上がります。

●アイキャッチを入れるとより効果的

さらに、言葉のキャッチコピー以外でも取材風景がわかる写真や取り上げられた記事などをPOPの隣りに掲載しておくと、アイキャッチとしての効果もあり、より目をひくPOPとなります。また、取材歴の多い会社の場合は、最新のものをPOPにするようにします。過去の紹介歴については別にPOPを作成しておくとよいでしょう。例えば、そのPOPには「多くのTV番組・雑誌で取り上げられています」というキャッチコピーを書き、その下には過去の取材を受けた番組名や雑誌名を羅列しておくのです。

また、マスコミ取材された商品を揃えていることを店頭等で訴求しておくことも大切です。左ページ下の例のように、手づくりの看板を設置してもよいでしょう。

雑誌に掲載された取材記事を切り抜き、そのままプライスカードとして利用してもよい

商品一つひとつのPOPに書くだけでなく、看板として設置しても効果的。この看板は著者の筆文字を使用して、看板製作費用は約2万円

Section 3 ナンバーワンを訴求する

店や商品の特長を訴求する際、私が最も大切にしていることは、その店に「ナンバーワン、オンリーワン、ファーストワンがあるか？」ということです。これら3つの「1番」は、他の店には真似できないことを示しています。つまり、独自固有の長所なのです。

次のような質問をされたとき、あなたは答えることができるでしょうか？

> ①日本一高い山は富士山。では2番目は？
> ②日本一面積の広い湖は琵琶湖。では2番目は？
> ③日本一長い川は信濃川。では2番目は？

おそらく3問とも正解する人は、ほとんどいないでしょう。何かで「1番」というのは、それだけ人に大きな印象を与えます。しかし、2番目以降では訴求力が落ちるのです（ちなみに質問の正解は、①北岳　②霞ヶ浦　③利根川です）。

この項では、「ナンバーワン」を紹介するキャッチコピーについて説明しましょう。

●どんな小さな1番でもキャッチになる！

ここでの「ナンバーワン」とは、売上額や販売個数、客数、受賞歴など、他店と比べたときに最も勝るものを指します。例えば、「通販サイト○○で20週連続第1位！」「○○（地域）で1番芸能人が訪れているお店です」「○○コンテストで最高金賞を獲得しました！」などです。たとえ小さな範囲内での「1番」でも構いません。

左ページの例では、インターネット通販サイトで1位を獲得した旨をPOPにした例です。この1位は、菓子部門などの大きな範囲ではなく、最初は「スイートポテト部門」でした。小さな範囲での「1番」ですが、この事実をPOPにしたのです。そして、店頭販売を開始したところ、クチコミやニュースリリースの効果もあり、店には取材がひっきりなしに来るようになりました。これらをPOPで表現し続けると、「ナンバーワン」↓新たな取材↓POPで紹介↓「ナンバーワン」↓新たな取材……というような売上循環のよい流れをつくることができるのです。

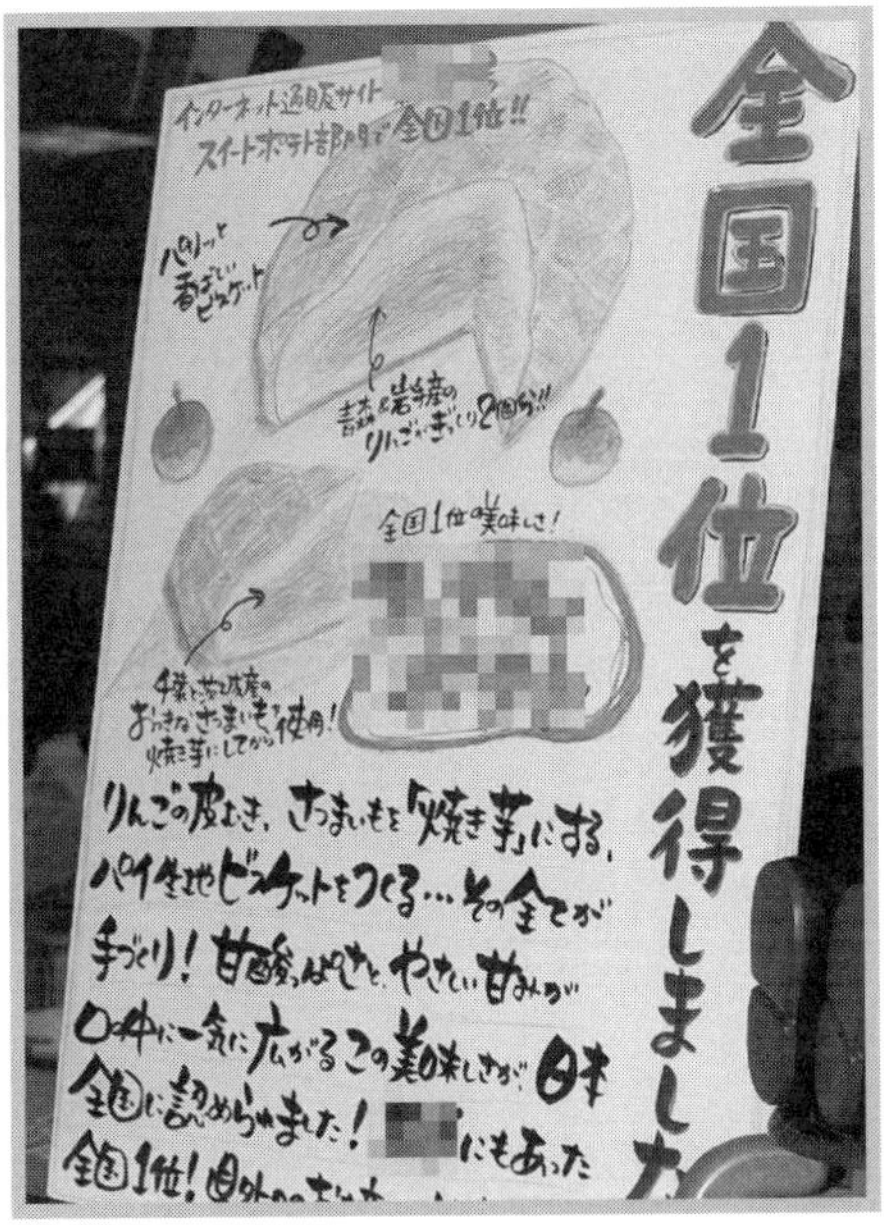

「全国1位」＝「ナンバーワン」の実績を、キャッチコピーで採用したPOP。この一言で商品価値が上がる

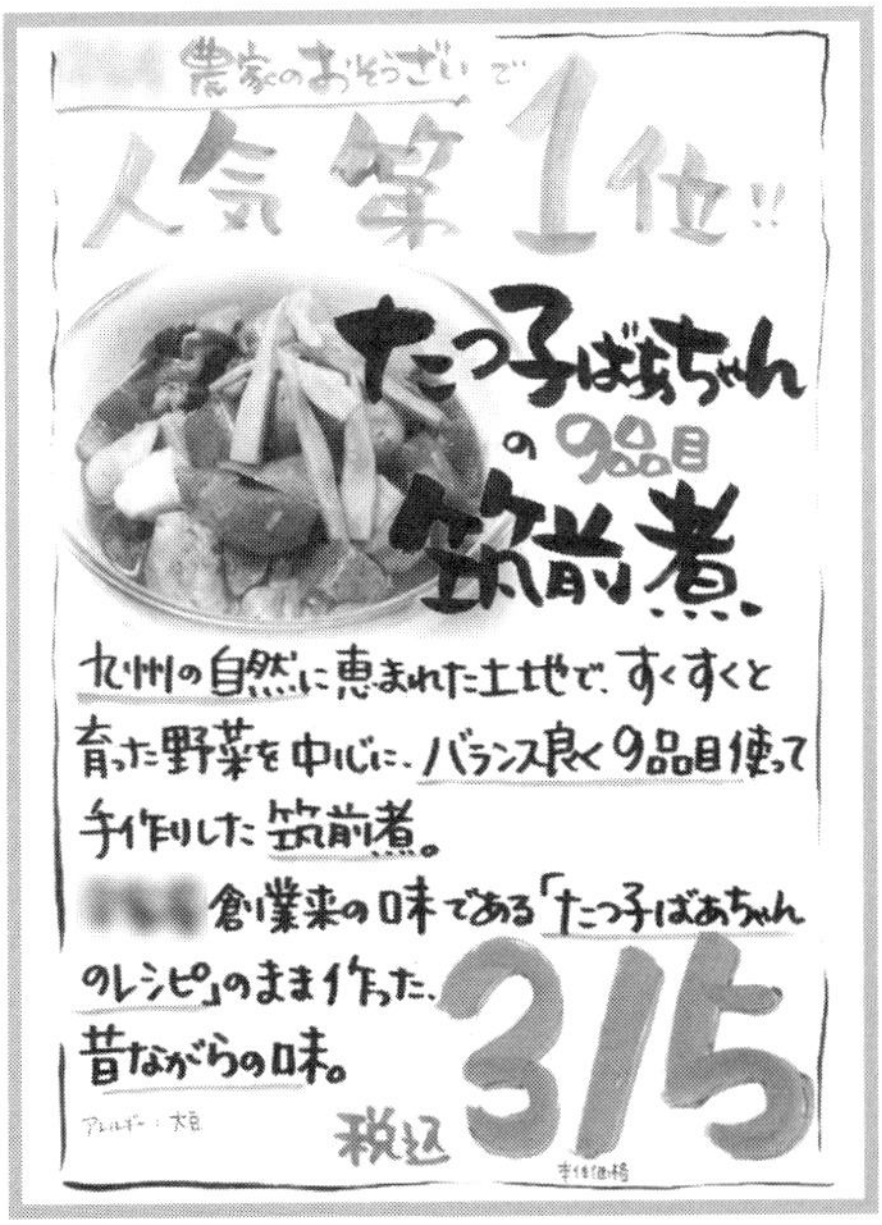

「ナンバーワン」は自店内など、範囲が小さくても訴求力は高い

Section 4

オンリーワンを訴求する

前項の「ナンバーワン」と同じように、独自固有の長所を表す「オンリーワン」とは、商品やサービス、お店の歴史や特長など、他店にはないことを指します。「当店限定」「当店でしか買えません」などのうたい文句がある場合が代表的です。

例えば、ある観光地に旅行したとき土産物屋で、どこに行っても同じものが置いてある、という経験はないでしょうか？　それは、土産物屋の多くが自店で商品をつくっているのではなく、仕入商品を陳列しているために起こる現象で、たいていの場合はどこの店でも同じ商品を置いてあるのです。しかし、そのような中で「当店限定」などと書かれたPOPがあったらどうでしょうか？　おそらく、購買意欲がわくのではないでしょうか。

以上のように、自店にしかない「オンリーワン」商品やサービスは、それだけでブランド価値を上げることが可能になるのです。

「オンリーワン」を訴求するキャッチコピーとしては、以下のような例がふさわしいと考えられます。

・当店限定品！
・他店では入手不可能！
・今日を逃したらもう手に入りませんよ！
・△△地区で唯一の造り酒屋です
・当店限定のギフトラッピング行ないます！

●「限定」をうたおう

さらに、「オンリーワン」は唯一無二の存在ですから「限定」と表現できます。この「限定」という言葉は特に女性客が好みます。そのため、他店に同じ商品があったとしても「季節限定」「数量限定」「曜日限定」などのキャッチコピーを入れ、「今しか変えない」「この店でしか買えない」「私しか買えない」という特別感を味わえるようにすればよいのです。

また、「○○限定」という文字を丸や四角で囲み、ハンコ風に仕上げることで、「限定」を目立たせることができます。

自店に「オンリーワン」商品やサービスがある場合は、特大POPにし、入口付近に設置するとよいでしょう。

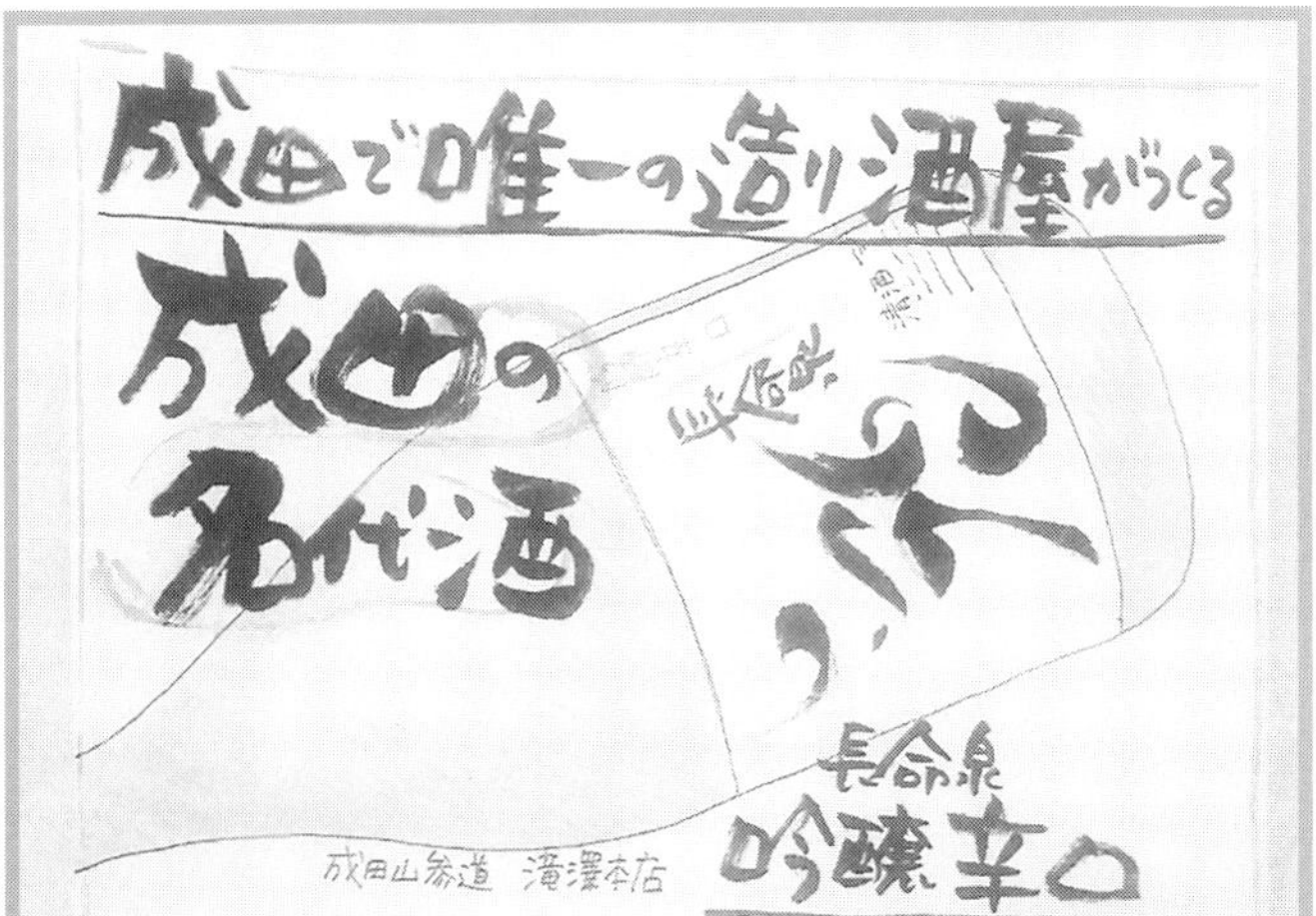

「唯一の」という一言で限定感を訴求できるため商品価値が上がる

Section 5

ファーストワンを訴求する

独自固有の長所として最も効果の高いものが、この「ファーストワン」になります。「ファーストワン」とは、店や商品・サービスを、ある範囲内で1番最初にはじめたことを指します。たとえ他店が同じ商品を販売したり、同じサービスを開始したりした場合でも、「ファーストワン」の事実だけは真似することができないのです。つまり、独自固有の長所を訴求するには、最も効果的といえます。

先述した「ナンバーワン」と同じように、必ずしも全国で最初である必要はありません。小さい範囲でもよいので「ファーストワン」になれるものを探すのです。その例が以下のようなものになります。

・日本初上陸！
・元祖・飛騨牛串の店
・九州で初のどぶろく
・全国で初！　四国素材のバウムクーヘン

全国で1番になれる事実がなければ県単位、市町村単位、地域単位にと範囲を縮めていきます。その中でひとつでも「ファーストワン」が見つかればよいのです。範囲の大きさは関係ありませんので、どんな小さなことでも「ファーストワン」を見つけようとするクセをつけるとよいでしょう。

キャッチコピーで表現する場合は、「元祖」「初の」「最初の」などの言葉を使い、ダイレクトに表現するようにします。

●「ファーストワン」の注意点

しかし、「ファーストワン」であることが証明できない場合や、他店でも同じように「ファーストワン」を訴求している場合、争いになることも珍しい話ではありません。「ファーストワン」が確定した時点で、登録商標などの手続きをしておくことも検討するとよいでしょう。その場合は、「ファーストワン」の商品やサービスをPOPだけでなく、店の看板やポスターなどの販促物すべてに反映させることで、業績向上に大きく貢献します。POPのキャッチコピー以外の場合でも、「元祖」「日本初」などの表現は入れておくとよいでしょう。

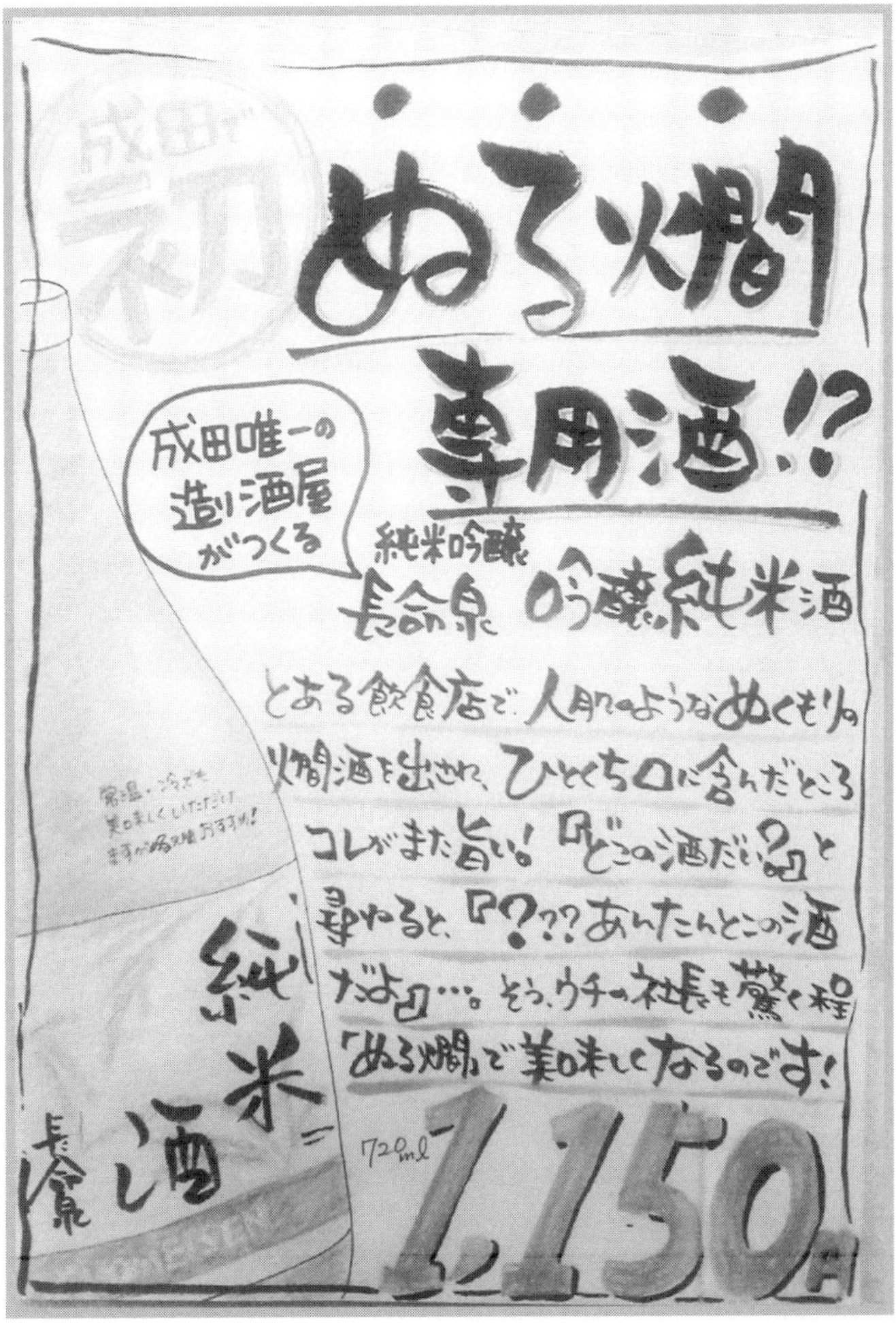

「ファーストワン」の実績は、他店には真似ができない。訴求力の高いキャッチコピーになる

Section 6

今しか買えない「時間的限定感」

人は誰でも「今しか買えない」と感じた瞬間、買う予定のなかったものでもほしくなるものです。これを私は「時間的限定感」と呼んでいます。例えば、この季節にしか収穫できない素材を使った料理や週末にしか販売されない商品など、限られた時間や時期にしか手に入らないものです。この「時間的限定感」の制限時間が短ければ短いほど、商品の価値は高くなると考えてよいでしょう。

これらを表現するキャッチコピーは、以下のようなものがあげられます。

・△日より30分限定セール
・春だけの限定です！
・土曜日限定！　お父さんの料理教室
・3日間限定割引（△日まで！）
・次回の入荷未定！　今がチャンスです

このように、いつからいつまでの限定なのかを明確にする必要があります。この期間が長くなると「限定感」の訴求力が弱まってしまうのです。

街中でも、毎日のように「閉店セール」と掲げているお店を見ることがあります。期間を限定しなければ、お客様は「ここはいつまで経っても閉店しないわね」「毎日が閉店セールね」「閉店セールとは名ばかりか」とマイナスのイメージを持ちはじめるのです。また、期間を長く設定した場合でも「今しか買えない」という限定感が弱まるために、訴求しにくくなります。

●数字使いが効果的

時間的限定感をキャッチコピーにする場合は、期間のはじまりと終わり、つまり、「いつからいつまで」なのかを、できる限り明確にするとよいでしょう。また、「3日間限定」「30分限定」など、数字を使用することにより限定感が増すため、訴求力を高めるには効果的です。期間の最終日には「本日最終日」「もう次はないかも!?」など、購買欲をあおるような表現も加えると、より効果的なPOPとなります。

そして、POPに書いた限定感を効果的に増すには、同時に接客で声かけをしていくとよいでしょう。

「夏休み特別企画」と限定することで、時間的限定感を訴求し、楽しさを倍増させる

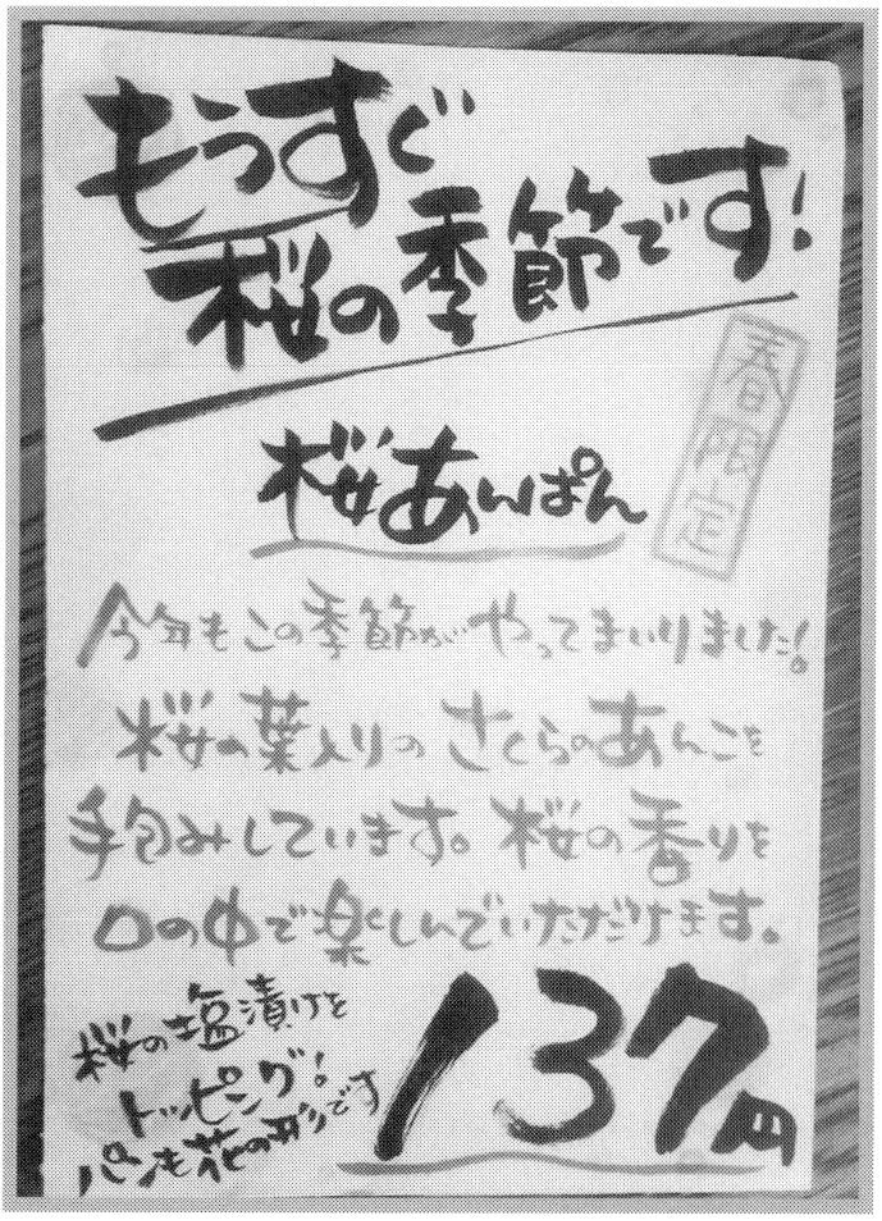

「春限定」＝今しか買えない、食べられないことを告知し、短期的な売上倍増を目指す

Section 7

ここでしか買えない「場所的限定感」

旅行先などで「地域限定」という言葉がついた商品を目にする機会が増えています。これらは観光地が土産品需要を高めるために行なっている努力のひとつで、「この場所でしか買えないから買いたい」と思ってもらえるようにしているのです。私はこの表現方法を、先述の「時間的限定感」に対し「場所的限定感」と呼んでいます。

この「場所的限定感」の演出は、観光地土産品の他、飛行機での機内販売や新幹線での駅構内限定販売品、百貨店や雑誌のコラボ商品限定販売など、あらゆる場面で活用されています。また、全国チェーンのショッピングセンターやファーストフード店、コンビニエンスストアでも、地域によって限定商品を販売しているケースも多く見られます。それほど「場所的限定感」による売上貢献は大きいのです。

しかし、限定感は商品を陳列しているだけでは伝わらないため、やはりPOPによる訴求が必要になります。これら「場所的限定感」を表現するキャッチコピーは以下のようなものがあげられます。

・△△（地域名）限定
・買わなきゃ後悔!? 他店では入手不可能
・県内では当店だけ!!
・当店だけが特別に分けてもらった超レア品!

などがよいでしょう。

●「場所的限定感」を表現するPOPのコツ

この「場所的限定感」はこれだけでもお客様に対する訴求力が強いため、そのキャッチコピーは必ずPOPの上部に書くようにします。そうすることで、キャッチコピーとともにPOP自体の訴求力が増します。

注意する点は、お客様が理解できる地域・場所の名前を書く必要があることです。自店のターゲットが地元客であれば地元の地域名を書いてもよいでしょう。しかし、観光客がターゲットの場合、詳細な地域名を書いても理解できないため、「京都嵐山」「飛騨高山」「大阪ミナミ」など、範囲を広めに設定するとよいでしょう。いずれの場合も、事前に地域限定の事実確認をしっかり行ない、その上で大々的に訴求することをおすすめします。

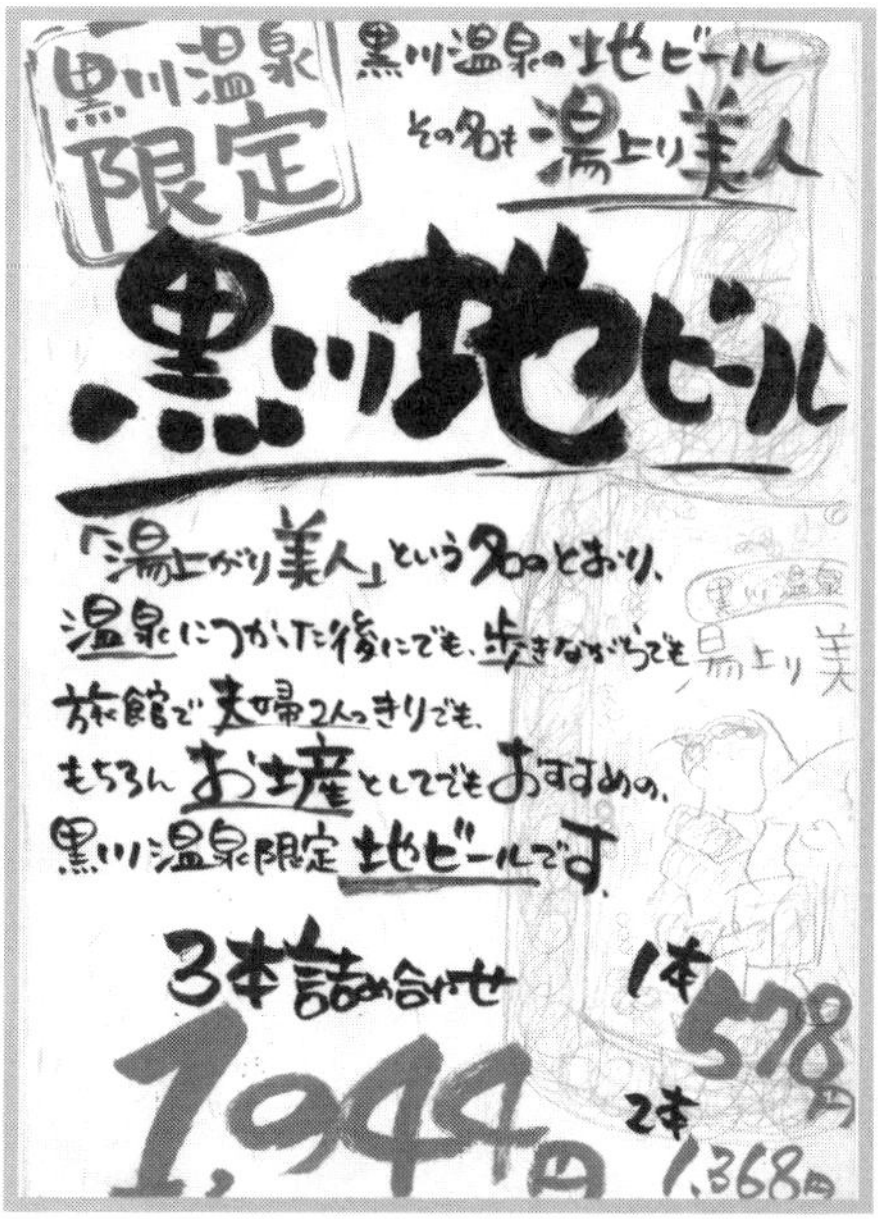

観光地に多く見られる「観光地限定」商品。土産店での売上に貢献する理由はその「限定感」にある

他県、他市にはある商品でも、地元商圏で当店限定販売の場合は、限定感を強く訴求できる

Section 8

早く買いたくなる「数量的限定感」

これまでに説明した「時間的限定感」「場所的限定感」の他、代表的な限定感の演出には「数量的限定感」があります。これをキャッチコピーで表現する際には、具体的な数字を使って「300個限定」「全国で1000個だけの限定生産」などと表現します。

●数量限定の理由を明確に

小売店の場合、可能な製造数や仕入数によって個数を変更することは自由にできますし、すべての商品POPに「個数限定」と書くことも可能です。いい換えれば、個数の制限がなく無限に販売できる商品は、この世にはほとんど存在しないのですから、「数量的限定感」の訴求力は、その使い方によって大きく変わってしまうのです。効果的に「数量的限定感」を演出するには、POP内のキャッチコピーとセリフ、両方での訴求が必要になります。例えば次のように説明できます。

> 「1日100個限定のクリームパン」
> パン生地づくりから焼くまですべてが手作業、特に職人が一つひとつ丁寧にクリームを手包みしているため、1日に100個しかつくることができないのです……

> 「全国でたった1000本しかない酒」
> 明治時代から続く、それは小さな蔵がたった1人でつくる芋焼酎。今回、出荷エリアも出荷数も限定、という条件で、ほんの少しですが分けていただきました……

このように、数量が少ない理由や制限される理由を明確にするほど、少量しか存在しない商品の価値が高まるのです。

また、「時間的限定感」や「場所的限定感」との組み合わせにより、訴求力を高めることも可能です。例えば、「今日限り・100個限定セール」や「500枚限定！県内では当店だけの販売が実現！」等になります。

以上のように、限定感は大きく3つ（時間・場所・数量）に分かれています。商品特性に合うものを上手に選びながらキャッチコピーにすることが大切です。

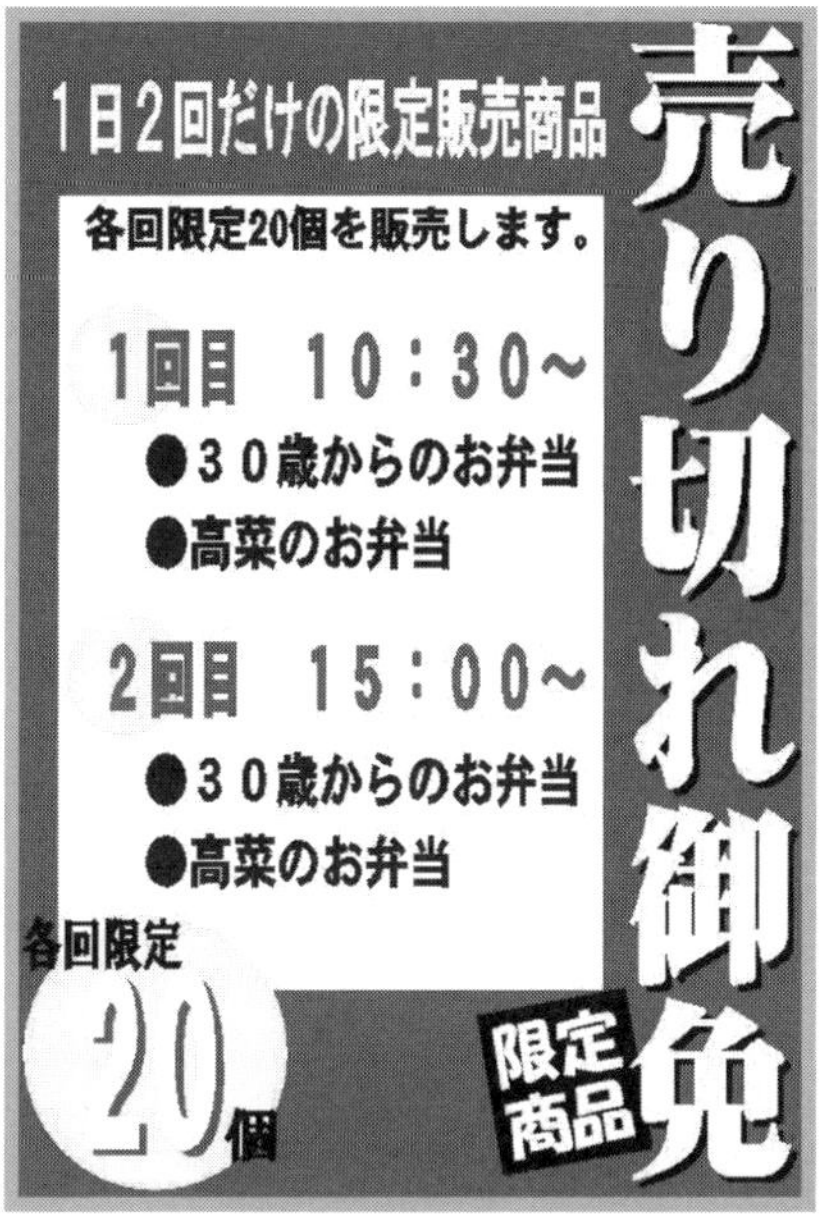

個数を限定することで、「今買わなければいけない」と思わせることができる。数量を限定する場合、期間も限定しておくとよい

「時間的限定感」「数量的限定感」を同時に訴求したPOPの例。訴求力が増大する

Section 9

地縁性で親近感・安心感訴求

●今こそ、地縁性が効果的

2008年頃から、特に食品業界などで話題になったのが産地偽装や輸入食品の安全性が失われた事件でした。このような問題が起こるとお客様がとても敏感になり、国産のもの、国産の中でもより産地が明確なものを選ぶような風潮が高まります。このとき、POPのキャッチコピーとして特に目をひくことができるのが、地縁性を訴求したものなのです。

そもそも「地縁」とは、同じ地域を基礎とする社会的関係や、同じ地域に住むことによる縁故関係などの意味があります。いい換えると、自分が住む地域で獲れた食材を使用しているものや、地元の会社でつくられた商品には、愛着がわきやすいということになります。これをお客様に訴求するのです。

地縁性をキャッチコピーにした例は次のようなものです。

・ここ、四国の素材だけを使用！
・地元□□町の△△さんがつくったイチゴ

このように、地元の人がつくっていることが明確であるほど、商品に対して親近感がわくだけでなく、安心感も生まれるのです。

また、地元に限らず、日本の有名な地名を訴求した例もあります。

・行列ができる明太子を福岡から取り寄せ
・京野菜をふんだんに使ったカレー
・北海道産小豆のあんドーナツ

これらは、「明太子といえば福岡」などのように、使用食材のイメージがよくなるように地域名をキャッチコピーに入れたものです。

その結果、産地を明確にすることで安心感も生まれ、また、「おいしそう」「食べてみたい！」と思わせる効果もあり、商品価値を高めることにつながるのです。

以上のように、「地元」や「地域名」を訴求した地縁性の高いキャッチコピーをPOPに記載することで、親近感や安心感を訴求し、ブランド価値を高めることが可能になるのです。

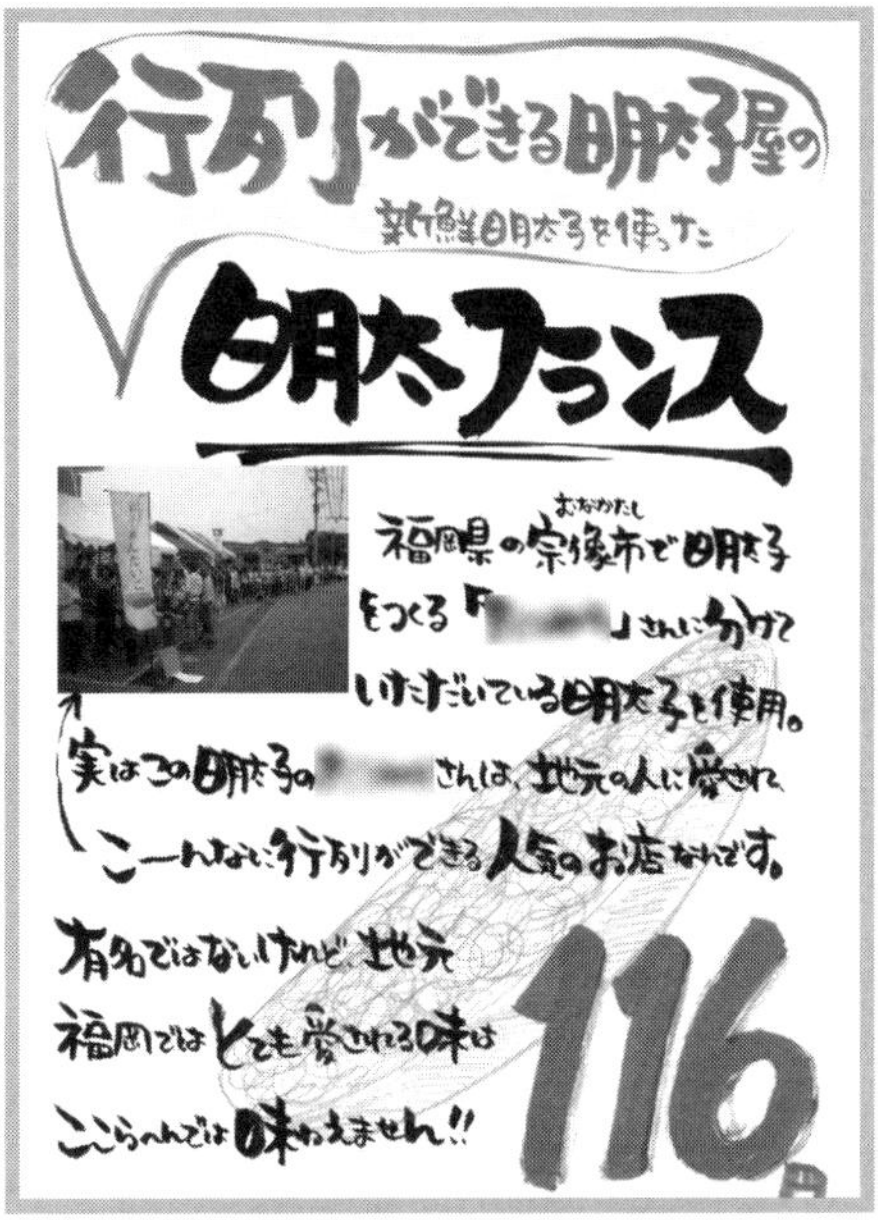

インターネット販売で商圏が全国に広まっている今、「地元で人気を集めている」ことが人気のバロメーターのひとつとなるため、地元客の行列写真は効果的

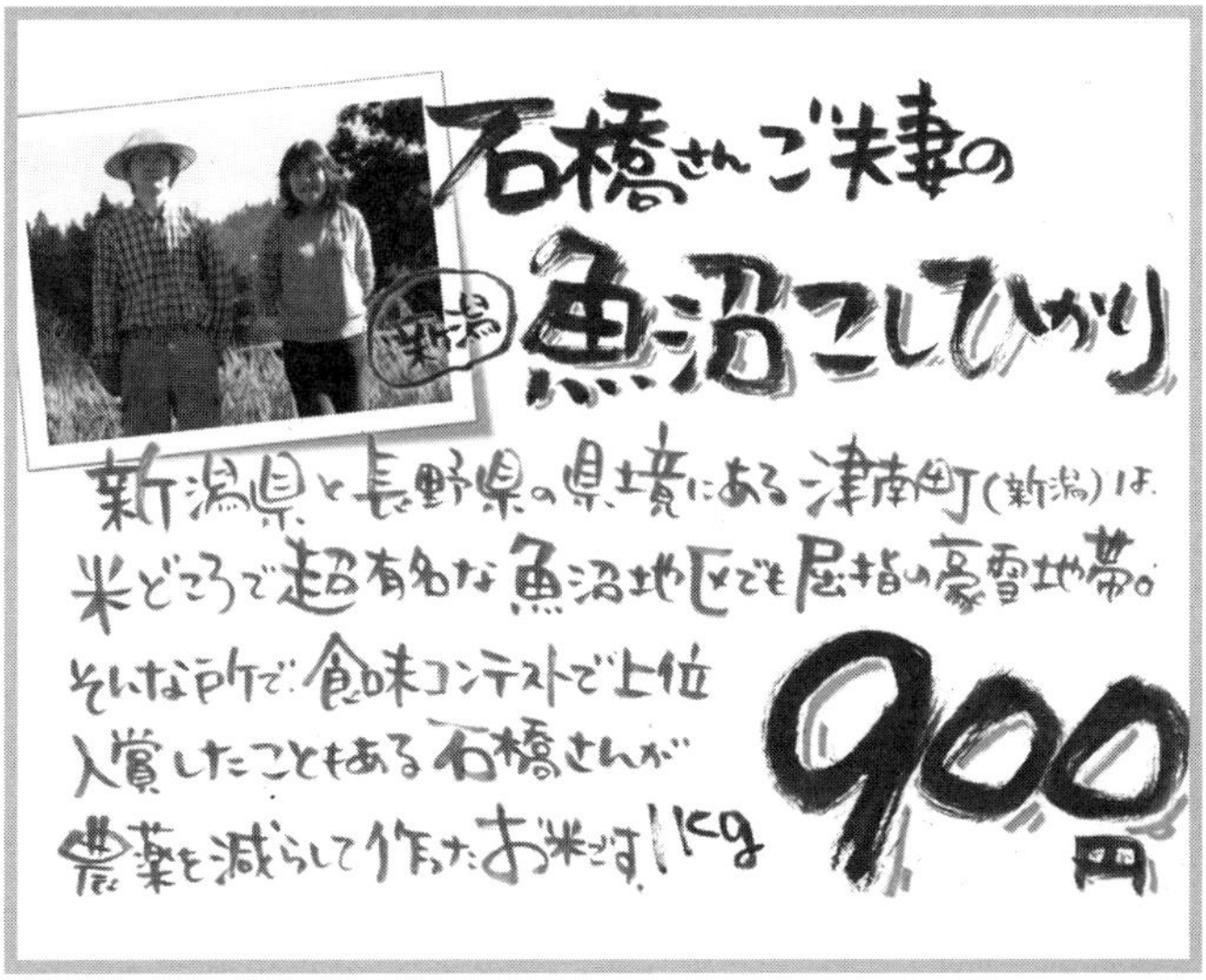

「新潟」「魚沼」という米どころとして知名度の高い地域名を出すことで、商品価値の高さを訴求する

Section 10

価値の高さを裏づける受賞歴

●全国には沢山のコンテストがある

現在、あらゆる業界で商品やサービスの質を競う世界的・全国的なコンテストが多数あります。代表的なものには、食のオリンピックともいわれる「モンドセレクション」や、プレミア焼酎なども生み出す「全国の酒類鑑評会」、接客サービスのよいホテルを全国から選ぶ「日本ホテル宿泊客満足度調査」など、さまざまな商品、サービスに対してのコンテストや調査機関などが存在するのです。そして、受賞した会社の商品パッケージやPOPなどで、それらを目にする機会も多くなりました。このようなパッケージの商品を見たお客様は、受賞歴のみで商品の信頼性を感じます。つまり、購買率が高まるのです。

●専門家に認められたことが売りになる

よって、このようなコンテストでの受賞歴は、今すぐにでもPOPで表現すべきです。それがたとえ知名度の低いコンテストであろうとも、専門家によって認められたことが証明できるものであれば訴求力は高まります。

第三者評価の中でも、専門家による評価はお客様にとって最も信頼のおける内容なのです。

これら受賞歴をPOPで訴求する場合には、キャッチコピーに次のような文句を入れるとよいでしょう。

・〇〇大会で金賞を受賞！
・専門家が満場一致で認めた逸品！
・サービス部門No．1に選ばれました！

さらに、過去の受賞歴を活かしてPOPのキャッチコピーを書く場合には、

・5年連続金賞受賞の蔵がつくった新酒！
・今年も金賞受賞の自信アリ！

などの表現もよいでしょう。

一部の商品やサービスで受賞した場合でも、受賞歴があることにより会社自体のブランド価値も上がるのです。コンテストによっては受賞歴を公表してよい期間などに取り決めがありますが、規定の範囲内であれば、たとえ過去の受賞歴であってもPOPで訴求していくとよいでしょう。

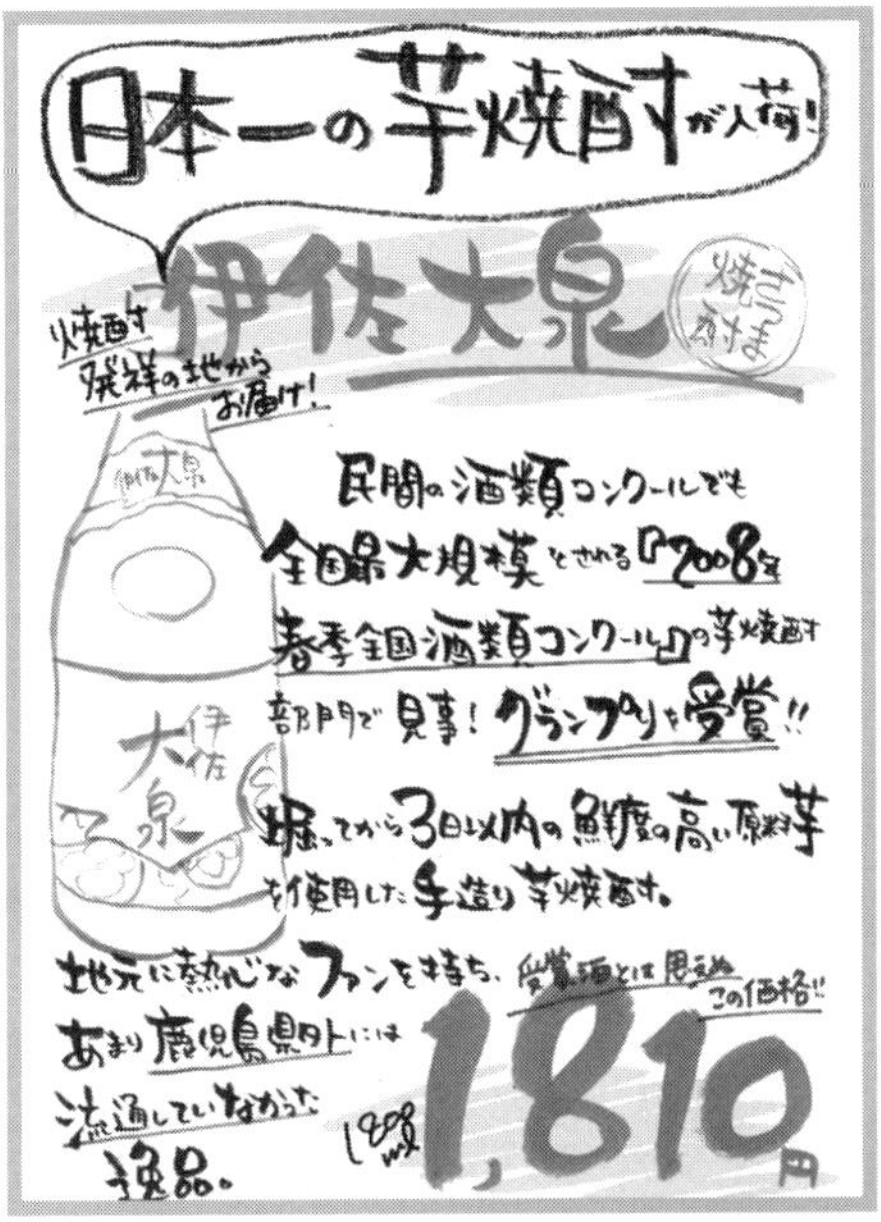

酒に詳しいお客様しか知らないようなコンクールでも、受賞の事実を訴求することで、商品の価値が高いことを表現できる

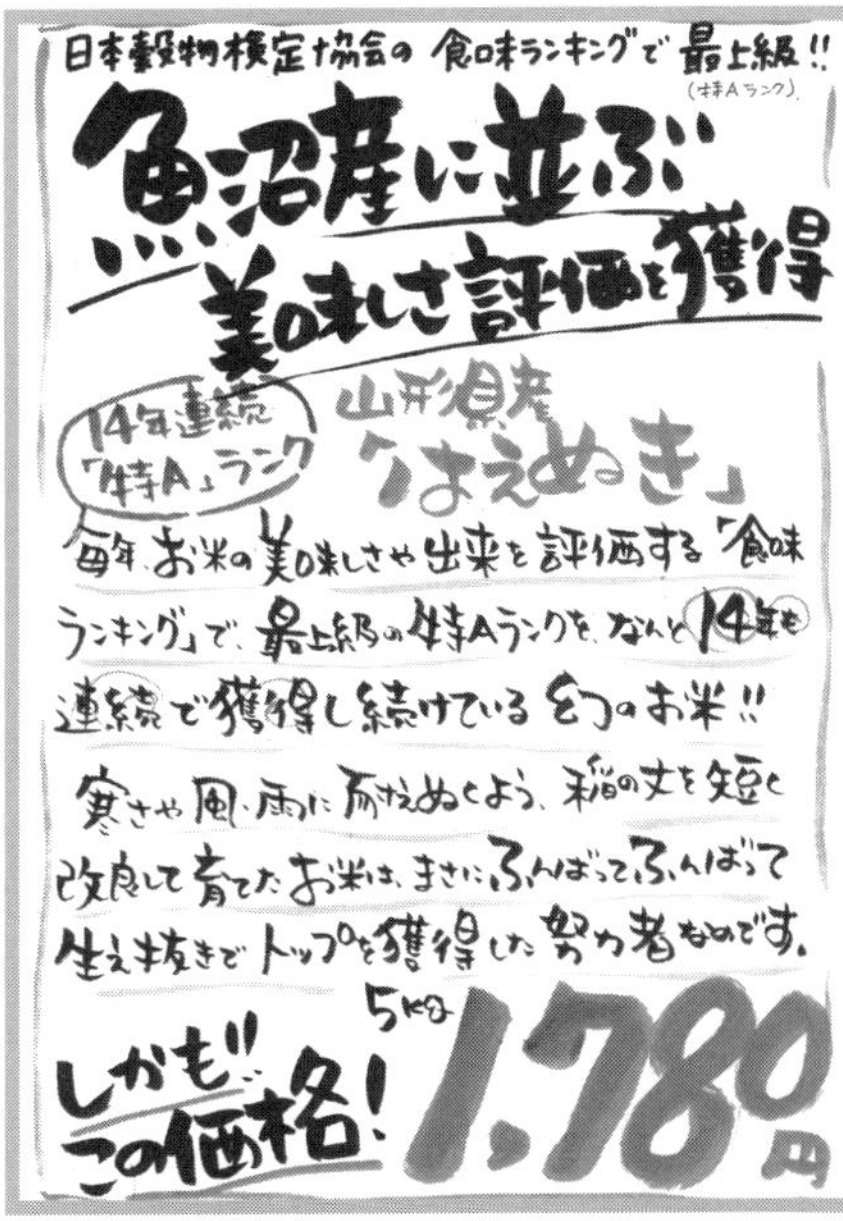

「特Aランク」受賞では、その賞の評価価値が伝わらないが「魚沼産に並ぶ」という表現に変えることで、おいしさを伝えることができる

Section 11

人気の高さで安心感を訴求する

店内の商品には、売れ筋商品が必ずあります。また、何年もの間お客様がついて離れないような人気の商品もあると思います。

私はよく、「売上＝お客様からの支持率」といっています。つまり、売上の高い商品ほどお客様からの支持率が高く、今求められている商品ということになるのです。人気の高い商品は、それだけ評価が高いことにもなるため、訴求することにより商品の安心感も伝わり、支持も高くなるのです。

人気の高さを表現するキャッチコピーは次のような例になります。

・人気Ｎｏ．1
・愛され続けて20年のロングセラー
・創業以来変わらない味と人気
・お客様のご要望で復活しました！
・人気急上昇中

先に述べたように、店や商品のブランド価値を上げるために効果的なのは「ナンバーワン」など、何かで1番であることが重要です。それが、店内商品の人気Ｎｏ．1でも、雑誌投票などの人気Ｎｏ．1でも、全国通販ランキングＮｏ．1でもよいのです。範囲の広さに関係なく、人気が高いことを訴求できるのです。

●Ｎｏ．1の証拠をつける

さらに、この人気の高さを訴求するには、人気ランキング表で2位～10位までを掲示すれば、「人気Ｎｏ．1」にも真実味が増しますし、創業時の写真などをＰＯＰに掲示すれば、創業来から今まで続いている人気商品であることの裏づけにもなります。このように、キャッチコピーでＰＯＰを読みはじめたお客様が、さらに商品に興味を持つようにするには、写真やイメージで訴求することも効果的です。

以上のように、人気の高さをＰＯＰで訴求することで商品のよさや安心感を伝えることができ、さらに売上を伸ばすことが可能になるのです。より訴求力を高めるために、ＰＯＰを他商品よりも大きくする等、目立つようにしてもよいでしょう。

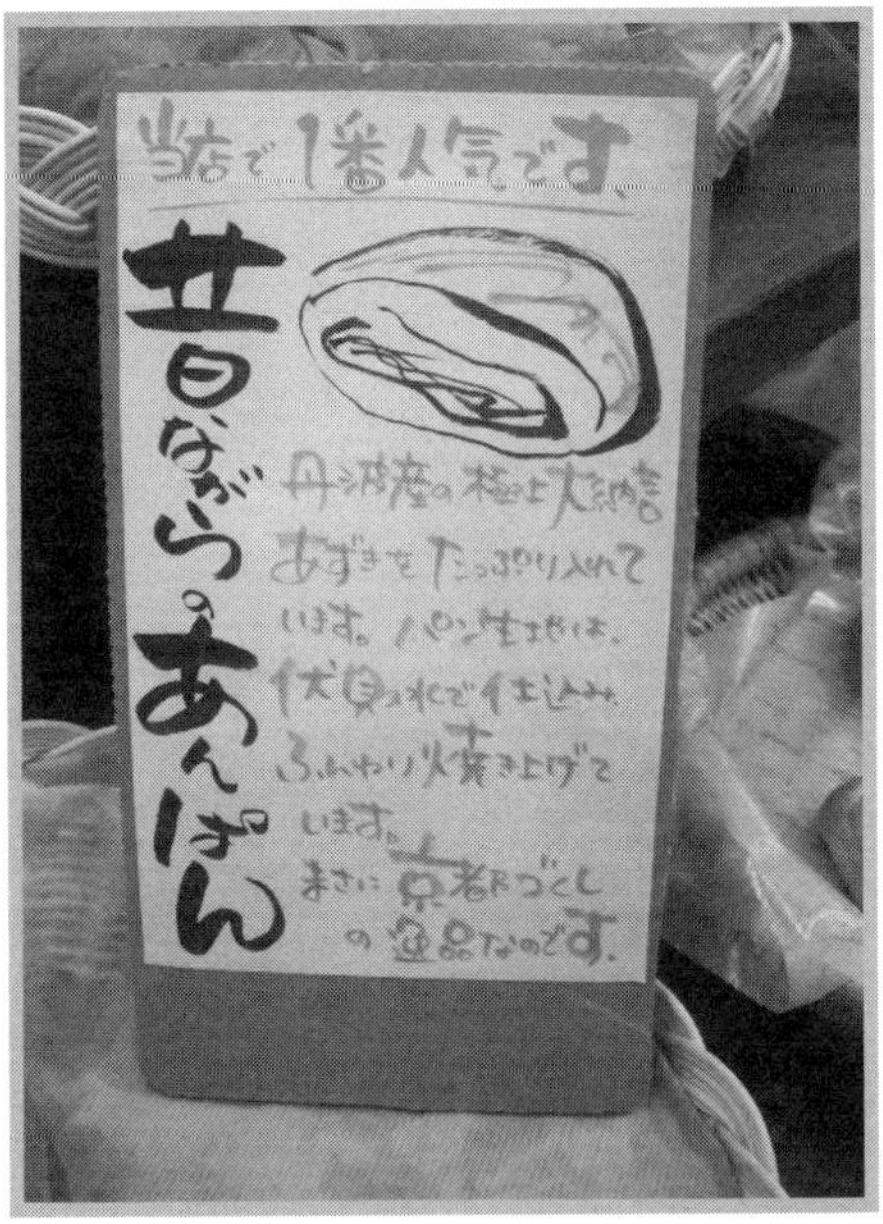

人気が高いことは、同時に商品価値が高く、お客様から評価されていることにつながる

店頭看板で人気商品の告知を行なうことで、売上につながる。店頭のタペストリー（写真奥）と、立て看板（写真手前）もPOPの一種といえる

Section 12

体験コメントでイメージをわかせる

●第三者の評価が決め手

最近、女性用の化粧品広告で、お客様が実際に試したときの感想を記載している例をよく目にするようになりました。例えば、洗顔用石鹸であれば、「泡立ちがすごい！」「泡がつぶれず、顔を覆ってくれる感じ！」「洗ったあともつっぱらない！」など、お客様が使用している際の映像や写真をつけて訴求しているのです。他のお客様の体験談により、商品に対する第三者評価が高いことを表現できるため、「体験コメント」はキャッチコピーとしても効果的なのです。

体験コメントをキャッチコピーにした例としては、次のようなものがあげられます。

・こんなジャム食べたことない！
・このもっちり感がたまらない！
・私はこれで10キロ痩せました！
・リフォーム工事、頼んでよかった！
・1日2時間の勉強でも東大に合格できた！

以上のように、実際に商品を利用してみた感想を、素直に文章に表せばよいのです。この場合に注意したいことは、実際にお客様が話しているかのように口語体で書くことが重要です。

●お客様を特定するとより効果的に

さらに、先の洗顔用石鹸の例でもあったように、「体験コメント」の信憑性を高めるためには、お客様の写真や直筆レターなどを載せるとよいでしょう。この場合、お客様の名前や顔が明確であればあるほど、信憑性が高くなるため、お客様に許可を得てから可能な限り、明確に訴求するとよいでしょう。

この「体験コメント」でのPOP訴求は、女性同士のクチコミと同じ原理で、間接的に商品のブランド力を高める効果が期待できます。お店側が主体的に「この商品はよいですよ」と訴えるよりも、第三者から「この商品を使ってみてよかったよ」と訴えられる方が、価値が高く感じられるのです。この機会に、お客様に商品の感想や意見をうかがい、実際にPOPに書いてみてはいかがでしょうか。

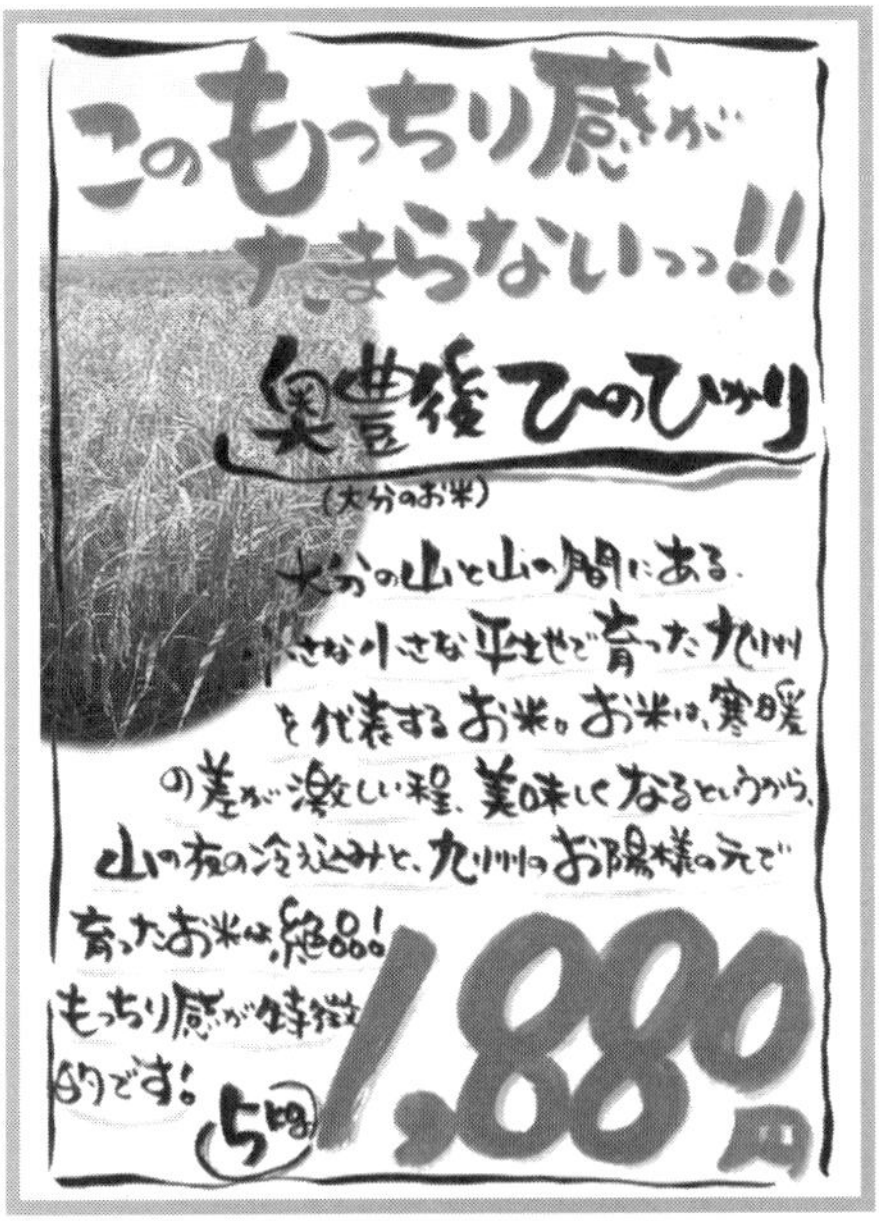

味はもちろん、食感を伝えることでおいしさ感を表現する

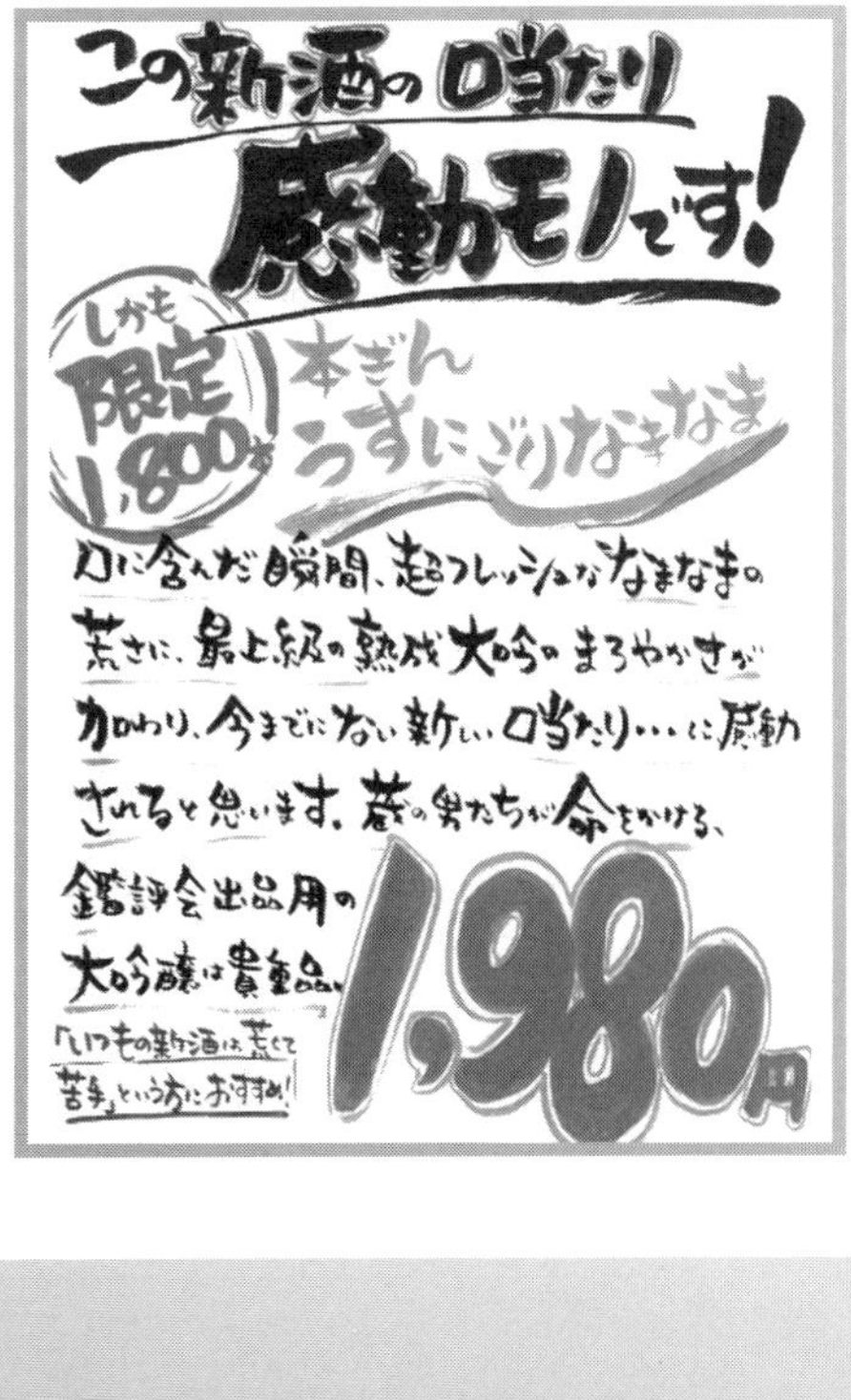

飲んでみた本人が、そのままの感想を書いたようなPOPは、臨場感があり、商品特性がお客様に伝わりやすい

Section 13 「特売」「SALE」でお買い得感満載

●短いキャッチコピーが目をひく

POPのキャッチコピーとして最もよく使われるのが、セール時のお買い得感を伝えるものです。「本日特売日」「SALE」などが大きく赤文字で書かれたものがその一例です。

この場合のPOPは、店全体のセール時やセールの季節だけでなく、通常営業の場合でも、一部の商品のみを特売にした場合に効果的なPOPです。例えば、新商品をお試し価格で提供したいときや賞味期限が短くなっている商品を販売しきって在庫調整する場合などに使用します。その際に効果的なキャッチコピーは次のようなものになります。

・本日だけの特価品!
・日替わり特別価格!
・理由ありセール品
・新商品お試し特別価格です!
・店長の気まぐれセール品

「特価」や「セール」という単語そのものに訴求力があるため、キャッチコピーはできる限り短くするとよいでしょう。また、「本日だけの」「理由あり」などの単語を使用することで限定感を訴求し、「通常にはないお買い得品だから買おう!」と思ってもらえるようにします。

●店全体でセールをするとき

また、店舗全体でセールを行なう際も効果的です。「創業祭限定価格」「お客様感謝セール」「利益還元セール」などのキャッチコピーを書いたPOPを数多く設置することで、店舗内ににぎやかさが増し、お買い得感を演出することが可能になるのです。

以上のようなお買い得感を演出するキャッチコピーを書く際に最も注意すべきことは、特売やセール、割引実施に関して大義名分があるかどうかです。大義名分なき特売を乱発すると、お客様には「ディスカウント店」という印象を与えかねず、付加価値の高い商品が売れにくくなることがあるのです。よって、限定感を持たせることや、「創業祭」「感謝祭」などの大義名分を明確にすることが重要になります。

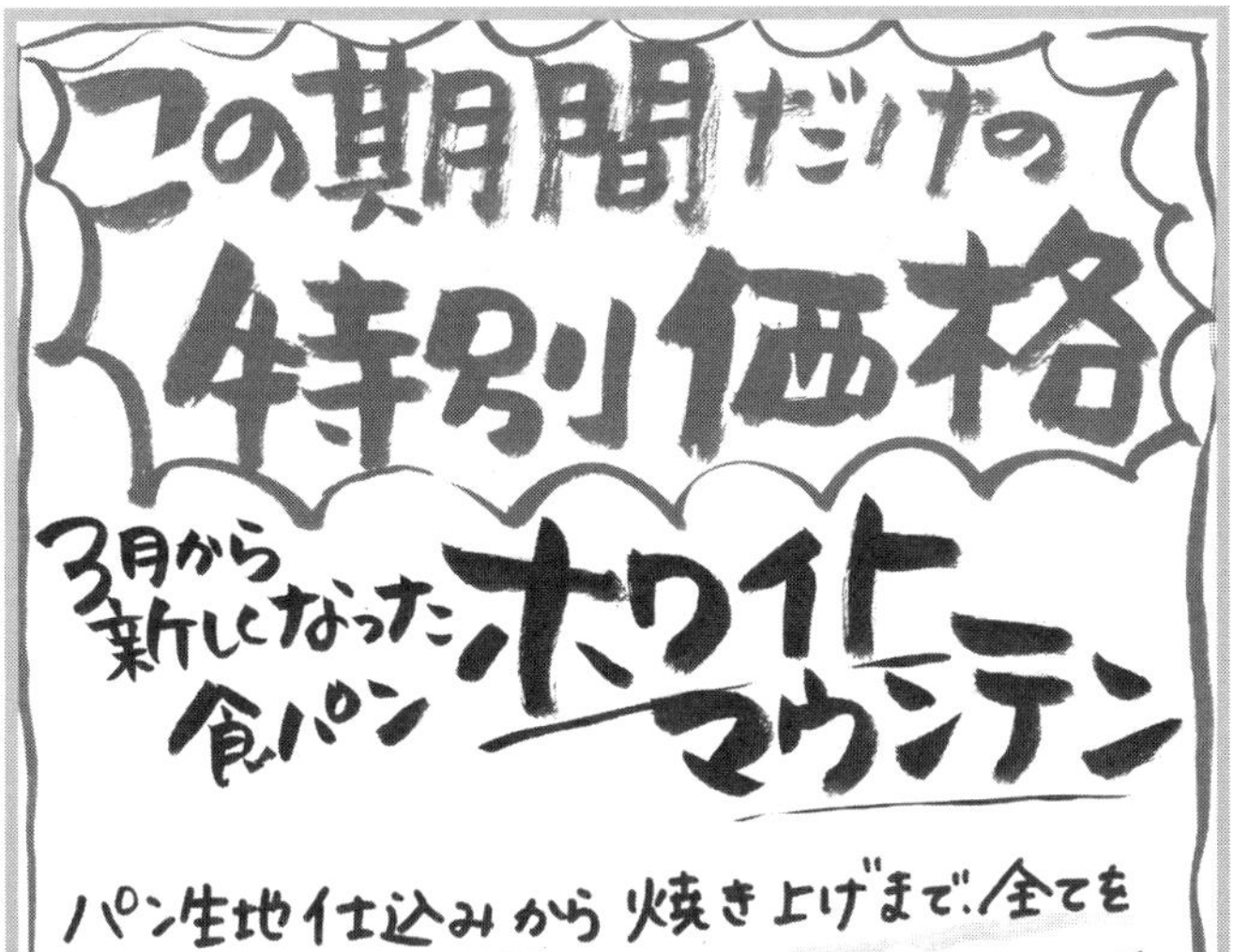
この期間だけの
特別価格
3月から新しくなった食パン
ホワイトマウンテン
パン生地仕込みから焼き上げまで、全てを
手作りしている、 で一番人気の食パンです。
仕込みには、沖縄の海からとれた塩を使用。
毎日食べていただきたいから、素材もできる限り
良いもので作っています！
ハーフサイズ
通常190円のところ
21%OFF
150円

「特別価格」と「21％ OFF」「150円」を赤文字で書くことで、よりお値打ち感を訴求することができる

Section 14

インパクトがあれば商品名だけでOK

これまで、「売れるＰＯＰ」には「買わせるキャッチコピー」が必要であることを説明してきましたが、今までに数百枚のＰＯＰを書いてきた私も時々、キャッチコピーをまったく書かない場合があります。それは、商品名そのものにインパクトがあり、商品名がキャッチコピーのような存在になり得る場合です。左ページのＰＯＰ例がその一部です。

・非売品の酒（飛騨・渡辺酒造店）
・黒川地ビール（熊本・後藤酒店）
・パン屋さんのハンバーガー（京都・ゲベッケン）
・けんちゃんのオムライス（熊本・ＲＩＣいわもと）

インパクトのある「非売品の酒」のような商品名や、地域限定が商品名だけでわかる「黒川地ビール」、その他、商品の特長をそのまま商品名にした「パン屋さんのハンバーガー」や「けんちゃんのオムライス」は、キャッチコピーの代用にもなるのです。

●商品名がキャッチコピーになる条件

キャッチコピーを書かないＰＯＰの場合は、商品名で紙面の4分の1程度を確保します。遠目に見た場合に、商品名と価格が目立つようにするのです。キャッチコピーを書かない分、紙面には余裕が生まれますから、ＰＯＰにはセリフを長めに書いたり、イラストを大きめに書いてもよいでしょう。

商品名にインパクトがあるかどうかは、以下の条件のいずれかを満たしているかを参考に決めるとよいでしょう。

①商品名で商品のよいイメージがわく
②商品名で時間的限定感が伝わる
③商品名で場所的限定感が伝わる
④商品名で数量的限定感が伝わる
⑤商品名で機能や特長が伝わる
⑥商品名でこだわりが伝わる
⑦商品が思い浮かぶシンプルな商品名

以上のように、インパクトがあり、さまざまなことを連想しやすい商品名であれば、キャッチコピーのないＰＯＰでも「売れるＰＯＰ」になるのです。

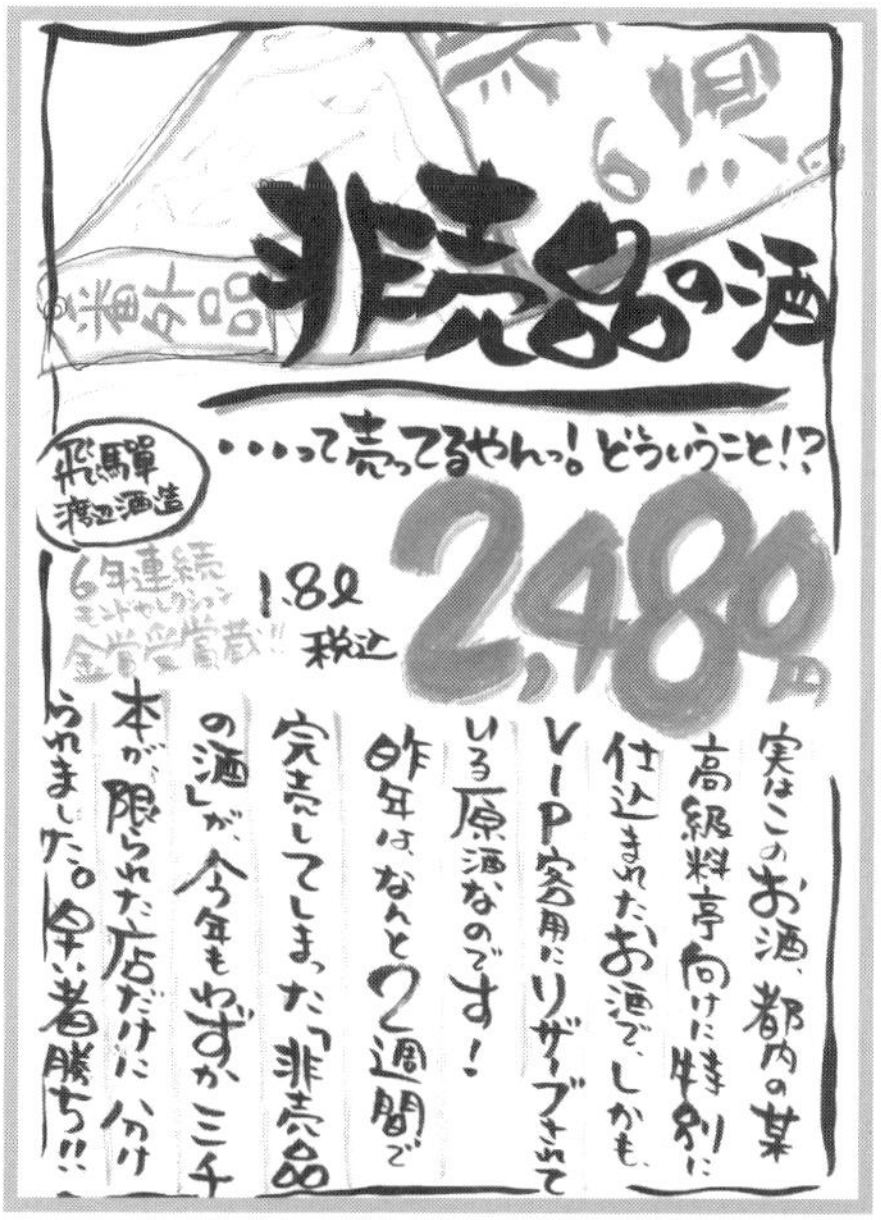

「非売品の酒」の商品名はインパクトがあり、これだけでキャッチコピーになり得る

〈飛騨古川　有限会社渡辺酒造店様
非売品の酒〉

「パン屋さんのハンバーガー」という商品名をキャッチコピーとして採用。おいしさ感も伝わり、お客様の注文率もアップ

Section 15

1番いいたいことを素直に伝える

これまで、ＰＯＰのキャッチコピーになり得る例をあげてきましたが、いずれにも当てはまらない商品もあるかと思います。その場合は、ＰＯＰを書く人がお客様に伝えたいことを率直に書くとよいでしょう。そして、お客様や他スタッフの意見を参考にしながら、キャッチコピーを練り直していくことで、「売れるＰＯＰ」が書けるようになります。

●まずは「書くことを好きになる」

通常のＰＯＰならまだしも、それ1枚で商品を売るための「売れるＰＯＰ」を書く際には、紙面レイアウトや書き方の原則を知らなければならないでしょう。しかし、それよりも重要なのは挑戦すること、つまり、「実際に書いてみること」なのです。ルールを気にしすぎて書く意欲をなくしていては、意味がないのです。そして、書いたＰＯＰを誰かに褒めてもらうことで、ＰＯＰを書くことを好きになり、楽しく書けるようになるのです。

もし、この本を読んでいるのが経営者の方でしたら、まずはこのＰＯＰのルールを無視して、絵や字を書くのが得意な人に自由にＰＯＰを書いてみてもらってください。内容にはできるだけ口出しをせず、思うがまま書いてもらえばよいのです。そして、「ＰＯＰを書く」行為に慣れたところでこの本をそっとお渡しください。多くの場合は、キャッチコピーを上手に書く、という部分に詰まりますから、そのときには身近なスタッフと相談してもらうなどして、書いてもらうとよいと思います。

●ＰＯＰはお客様へのラブレター

ＰＯＰは、お客様に商品のよさを伝えるラブレターのようなものです。ラブレターを書く場合、ほとんどの人は自分の手で書くでしょう。メールの場合を除き、パソコンで書く人は、そういないと思います。ＰＯＰも同じです。商売や商品に対する想いは、言葉なり文字なり形にしなければ伝えることはできません。パソコンではなく手書きの方が想いは伝わります。そのため、自分が今1番伝えたいと思ったことを率直に手書きで書けばよいのです。きっと、そのＰＯＰを見たお客様の心が動くことでしょう。

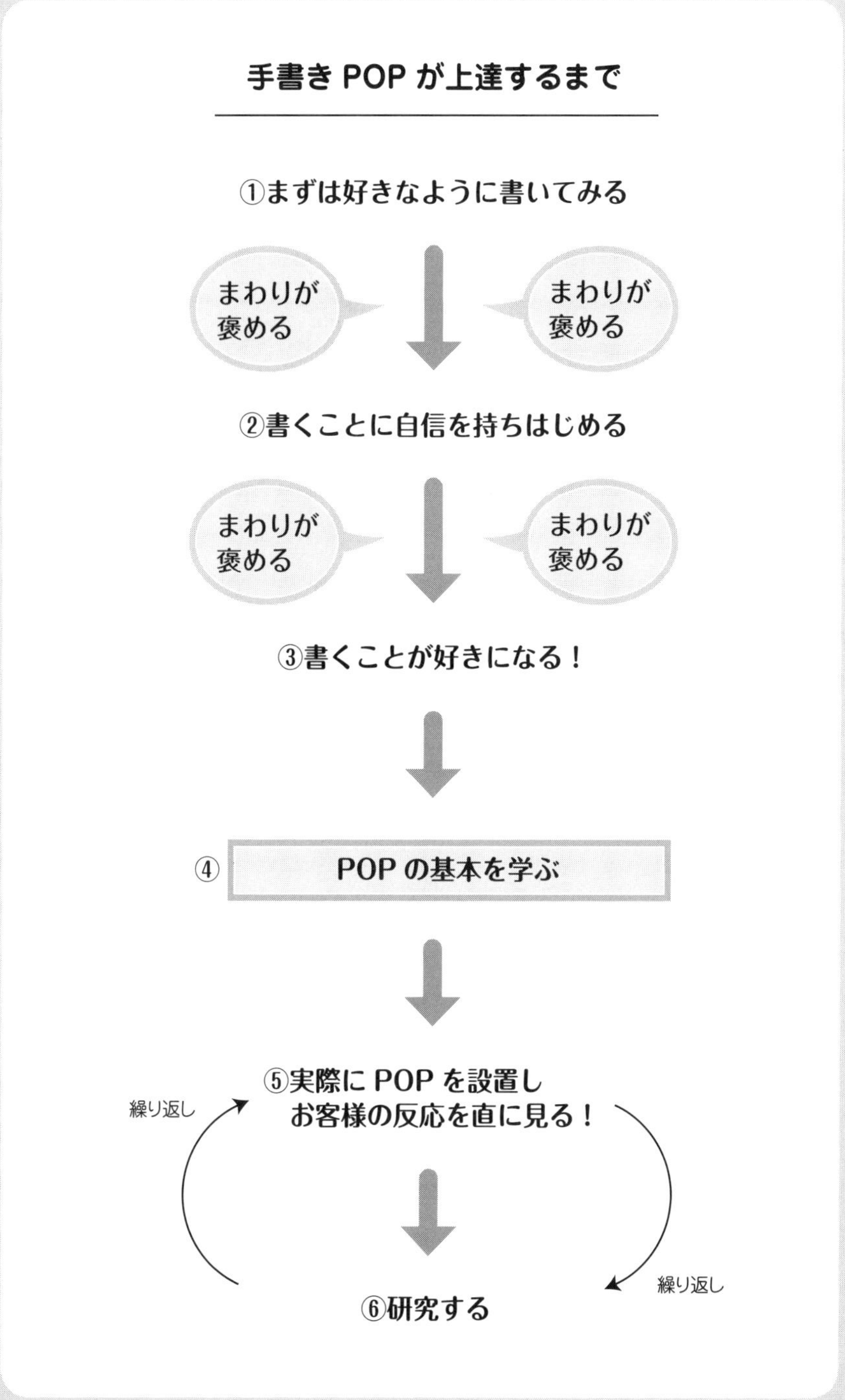
手書きPOPが上達するまで
①まずは好きなように書いてみる
まわりが褒める
まわりが褒める
②書くことに自信を持ちはじめる
まわりが褒める
まわりが褒める
③書くことが好きになる！
④ POPの基本を学ぶ
⑤実際にPOPを設置し
お客様の反応を直に見る！
繰り返し
⑥研究する
繰り返し

7章 読ませるセリフはこうつくる

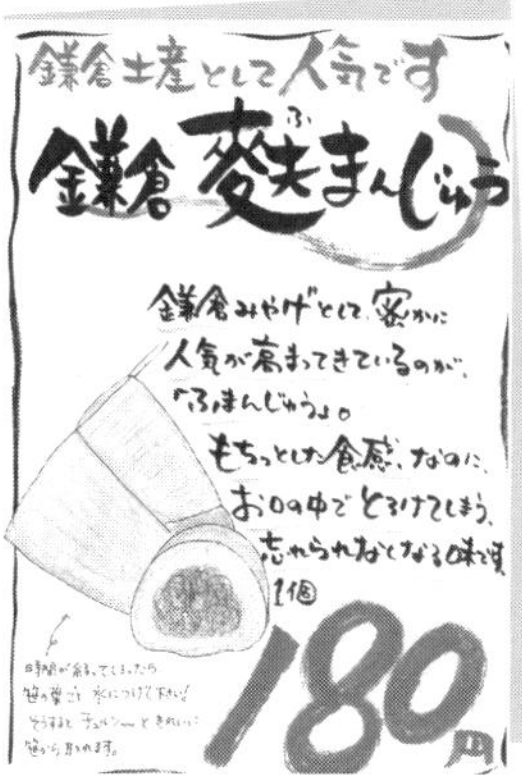

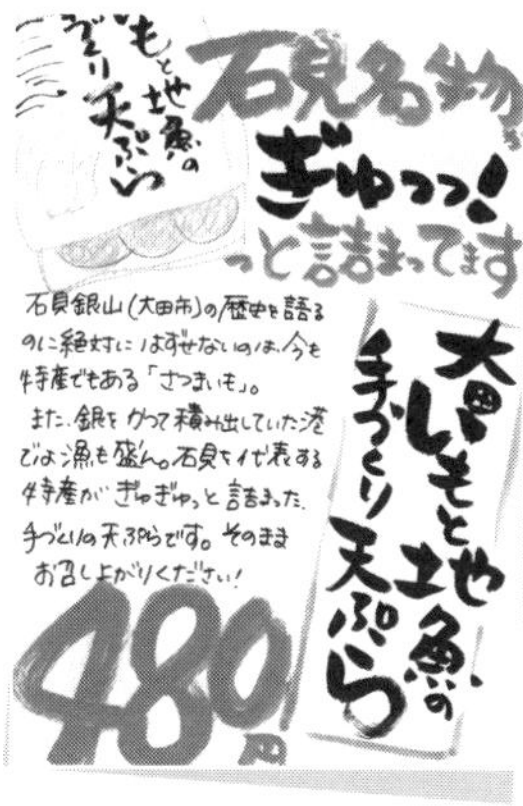

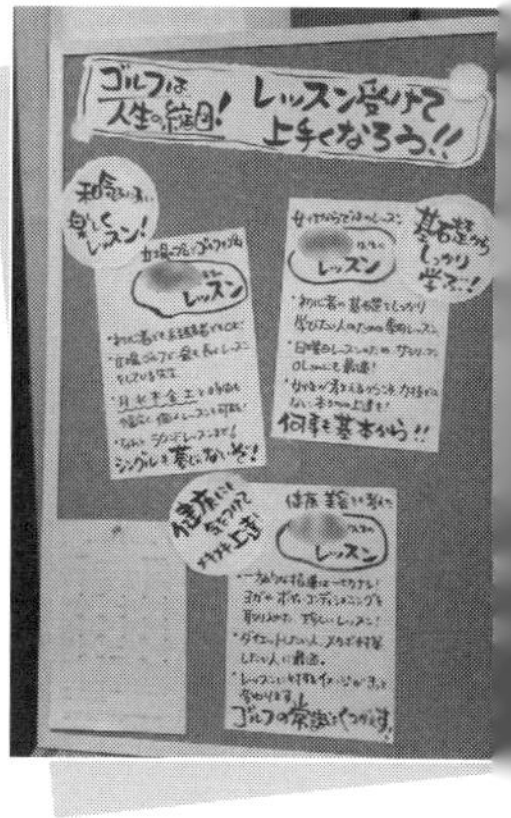

1　業界の常識にとらわれないことが重要
2　口語体で書く
3　五感に訴える
4　会社や店の歴史を語る
5　つくり手の思いを訴求する
6　使用素材の特長をトコトン書く
7　「こだわり」は箇条書きで
8　他商品と比較する
9　お客様の声を並べる
10　従業員のおすすめコメントを入れる

Section 1

業界の常識にとらわれないことが重要

POPには、商品名や価格などの他に必ず商品に関する説明文が書かれています。どのようにつくっているのか、どのような素材を使用しているのか、どんな実績があるのかなど、短い文章の中にさまざまな要素が上手に組み込まれています。

しかし、街中にあふれるPOPを見ると、多くは「読んでもわからない」状態であることに気づきます。それは、その業界の人にしかわからない専門用語で書かれているからなのです。

例えば、このようなセリフが書かれたPOPを見つけました。

「私たちはスクラッチベーカリーです。安心・安全を求めて……」

これを読んで、意味を理解できる人はどのくらいいるでしょうか？　おそらく多くの人が「スクラッチベーカリーって何？」と疑問を感じるのではないかと思います。想像で「手づくりをしているということかな」くらいは思うかもしれません。この言葉の意味は、小麦粉の分量を量り独自の製法で生地を仕込み、成熟して焼き上げるまでの全工程を一貫して行なうスタイルのパン屋を指します。ここまでの意味を知っていれば、先のPOPを見たときに「素材を選ぶところからこだわっている」ということを推測できます。ところが、実際はその意味が少しも伝わっていないのです。

●「小学6年生でもわかる」POPがポイント

POPを書く側は、その商品やサービスに対してのプロですが、お客様は素人です。あなたにとって常識的なことでも、わからない場合が多いのです。これではせっかくのPOPもまったく役割を果たせていないのです。

POPを書くときに心がけるべきことは「小学6年生でも理解できる」ようにすることです。6年生であれば、日常生活に困らない程度の読解力はありますが、学習していない漢字は読めません。よって、読み方の難しい漢字は避けるかフリガナをふる、専門用語を避けるなど、簡潔にまとめることが重要なのです。

スクラッチ
ベーカリー
スクラッチ
ベーカリーって
何だろう…。
私たちは
スクラッチ
ベーカリー
ですよ！

小学6年生にも理解できる文章にしよう！

- 難しい漢字は使わない又はフリガナをふる
- 業界の専門用語は使わない！
- 簡潔にまとめる

Section 2

口語体で書く

POPの中に書かれている説明文のことを、私は通常「セリフ」と呼ぶことにしています。それは、POPは説明書ではなくお客様の心に語りかけるものだからです。見て読んで面白いもの、魅力的なものでなければなりませんし、伝えたいことをしっかり伝えなければなりません。

●POPが語りかけるように

アイキャッチやキャッチコピーなどでお客様の目をひきつけたあとは、じっくりPOPを読んでもらう必要があります。そのためには、POPの文章を口語体（話し言葉）で書くようにします。すると、読んでいる人によってはPOPから語りかけられているように感じるため、セリフの内容が理解しやすくなるのです。

例えば、「この商品はインターネット通販サイト△△で全国1位を獲得したバウムクーヘンです」という文章があったとします。普段、人と話をしているときは同じ内容であっても、このようにはいわないのではないでしょうか。このような表現は「文語体（書き言葉）」といいます。

では、口語体で表現してみましょう。

「このバウムクーヘン、なんとインターネット通販サイト△△で全国1位を獲得したんです！」

文語体と比較してみてください。きっと口語体の方が、スッと頭に入ってきたのではないでしょうか。これは、会話の中で通常使用する表現方法のため、理解度が増しているのです。

●口語体の注意点

以上のように、POPのセリフは口語体で語りかけるように書くと、訴求力がより高まります。しかし、あまりにくだけすぎた表現をすると商品価値を下げる可能性があるため注意が必要です。決してお客様に失礼のないように、言葉遣いは丁寧である必要があります。さらに、店の雰囲気や商品の特性上、高級感・重厚感を訴求したい場合には、口語体の表現は避けた方がよいでしょう。店のコンセプトに合うように書くことが大切なのです。

購買意欲をかきたてるには、冷静な印象の文語体（書き言葉）よりも、口語体（話し言葉）が効果的

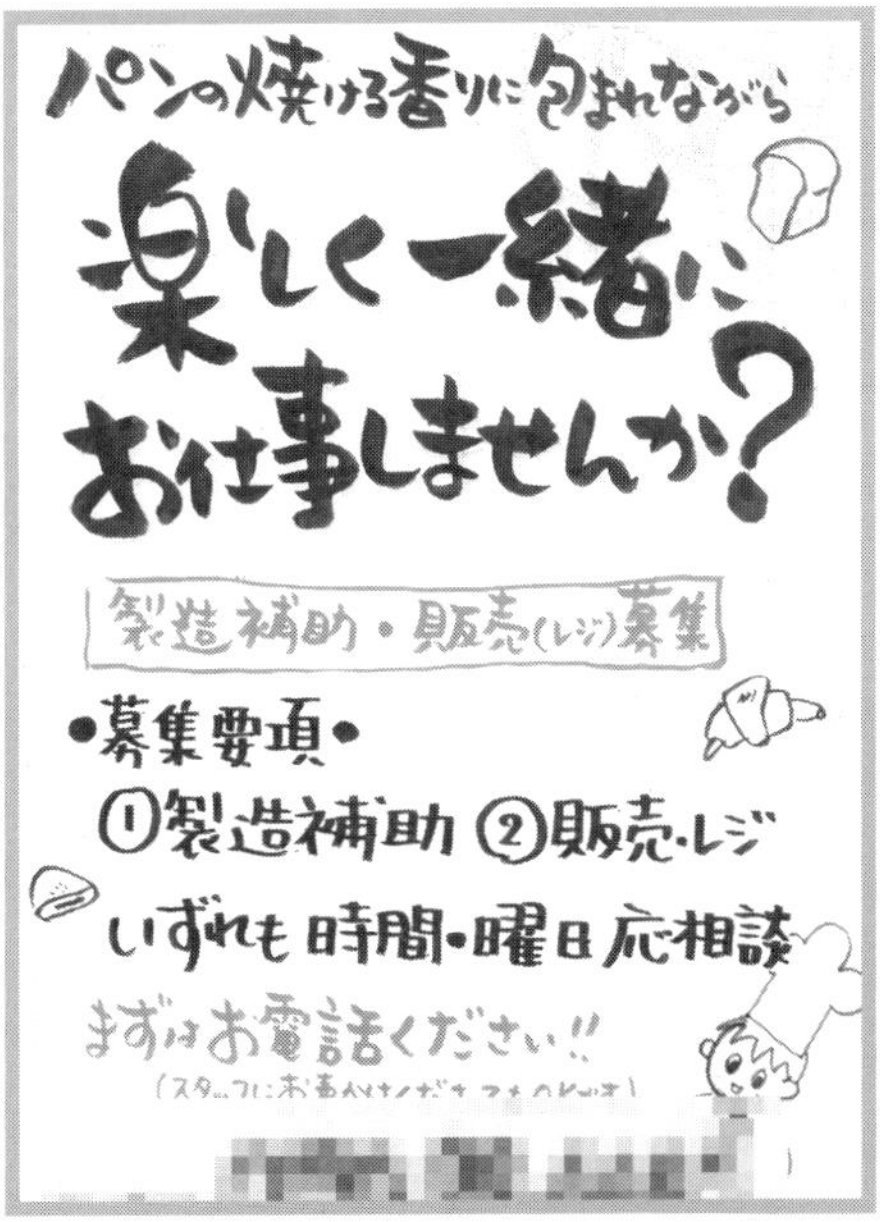

POP の中で最も目立つキャッチコピーに口語体を使うことで、POP の内容が感情的に伝わりやすくなる

Section 3

五感に訴える

●擬態語・擬音語が訴える

ＰＯＰのセリフには、商品の特長について五感（視覚・嗅覚・味覚・聴覚・触覚）に訴えるように書くと、読み手の想像力をかきたてることになり、訴求力が高まります。

例えば、おいしいステーキを食べた感動を誰かに伝えようとしたとき、どのように話すでしょうか。きっと理論的に話すのではなく、擬態語や擬音語を使いながら感覚的に話すのだと思います。「鉄板でジュージューいいながら出てきて、肉汁もジュワーッとたっぷりジューシーだった」と、このような表現でしょう。

このように、擬態語や擬音語を使うことによって臨場感が増し、そのステーキを知らない人でも想像がつくようになるのです。音や様子を感覚的に訴求することがＰＯＰにも求められるのです。

五感に訴えるセリフは、次のようなものになります。

① 視覚……キラキラ・とろとろ・ふんわり
② 嗅覚……ふんわり香る、ツーンと鼻をさす
③ 味覚……とろける甘さ・ピリッと辛い
④ 聴覚……パチパチ・ジュージュー
⑤ 触覚……ぶるぶる・スベスベ・カチカチ
　　ふわふわ・ツルツル・とろとろ

以上のように、商品の特長を感覚的に表現する言葉は多数あります。その商品を使用したことがない人にでも伝わる臨場感がＰＯＰにも必要なのです。

●文字によって印象が変わる

さらに、擬態語や擬音語は、平仮名やカタカナなど、書く文字によっても訴求力が変わります。文字の特性上、平仮名は角が少なく丸みを帯びているために「やわらかさ」や「あたたかさ」を、カタカナは角が多く画数も少ないために「鋭さ」「堅さ」「冷たさ」を表現するのに適しています。同じ言葉でも、書く文字の種類によって印象が変わってくるのです。

ＰＯＰは、商品の近くに設置するたった1枚の紙ですが、擬態語や擬音語によって臨場感を与え、五感に訴えかけることができるのです。

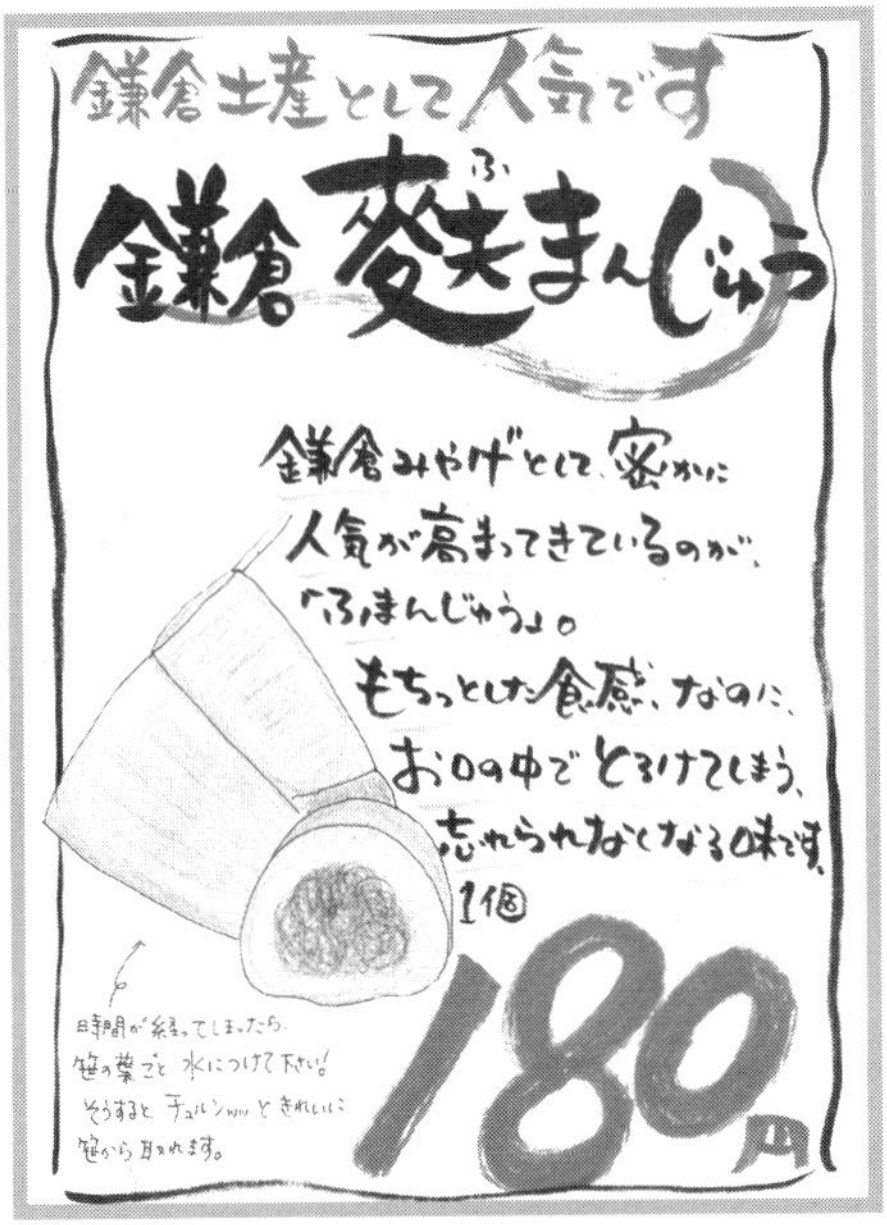

「もちっとした」「チュルンッッと」という商品の特性が伝わりやすいように擬態語や擬音語を使う

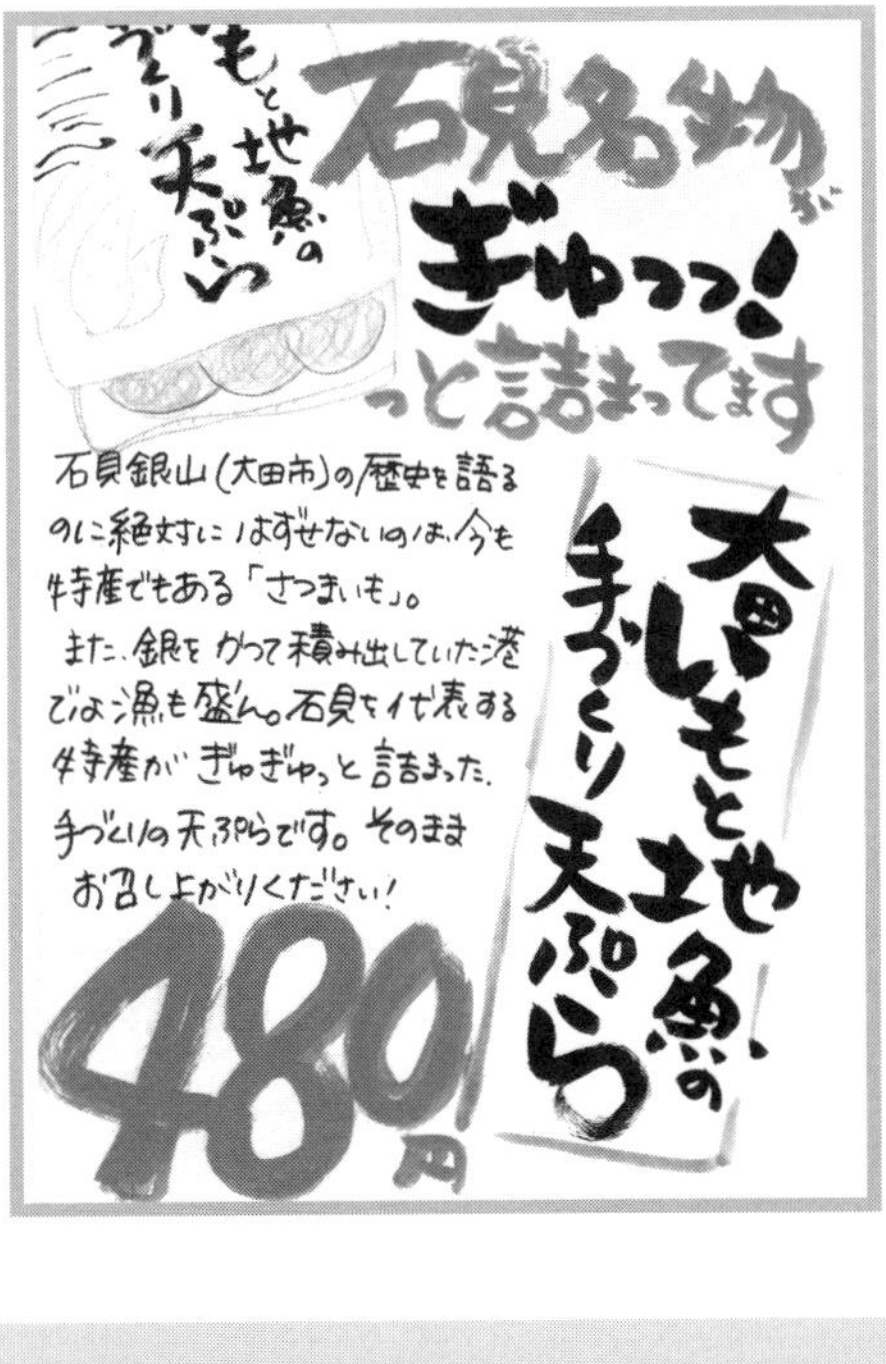

擬態語や擬音語はキャッチコピーに使用することで、POP 自体も魅力を増す

Section 4

会社や店の歴史を語る

商品の特長やこだわりを語る上で欠かせないポイントのひとつに、「会社や店の歴史」があります。これは、歴史の有無により、店に対する信頼度が変わるためです。

一般的に、歴史ある会社のイメージとして、

・信頼性が高い
・ブランド価値が高い
・商品の質がよい
・商品の価格が高い
・働く従業員がしっかりしている

などがあげられます。つまり、歴史を語れる会社ほど価値が高いように感じるのです。いい換えれば、よい商品であることを訴求するには、それをつくる会社が信頼できることを訴求すればよいのです。

たとえば、「△△（地名）で酒を造り続けて300年、そこでしか買えない酒が数量限定で入手できました」などのコメントは、会社の歴史を語るだけで商品力が高いように見せているセリフといえるでしょう。商品力を訴求するのに、商品の味や製造方法などは必ずしも必要というわけではないのです。

●歴史を語るポイント

街中では、「寛政△年創業」など創業年月日が店名の冠としてついている店舗をよく見かけます。もちろん、その一言でも歴史を語っているとは思いますが、どうも説得力に欠けてしまいます。そこで、以下を組み合わせて訴求するとよいでしょう。

① 創業年
② 創業してから現在までの年数
③ 創業当時の写真（建物・人・商品など）

上記のうち、①と②については文字での訴求になるため、人間の左脳（理論的判断が得意な脳）に訴求することができます。それに対し③の写真は、人間の右脳（感覚的判断が得意な脳）に訴えることができます。白黒写真で昔らしさを訴求できる写真を掲げているだけでも、歴史があるように感じさせることが可能なのです。

以上のように、商品の特性を一言も記載していないPOPでも、商品力の高さを訴求できる方法があるのです。

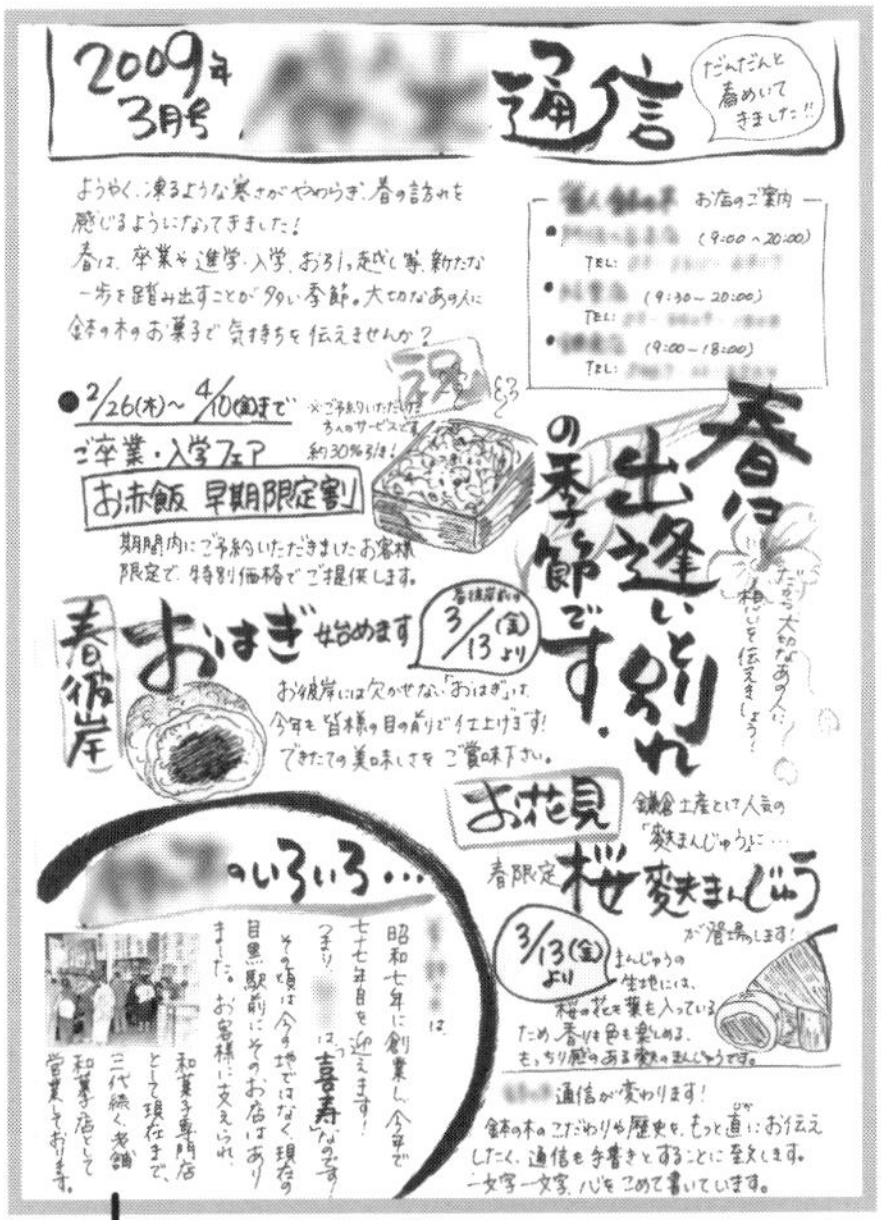

歴史の長い会社ほど、お客様に長く愛されている証拠として、信頼感・安心感を訴求することができる

Section 5

つくり手の思いを訴求する

商品のこだわりを訴求するとき、使用している素材や特性よりも、さらにお客様の心をひきつけるセリフがあります。それは、「つくり手の思い」です。

つくり手の思いとは、その商品を生み出したきっかけとなる出来事や思い、その製造工程などを訴求することです。「よい人がつくる商品はよい商品」「よい商品をつくるのはよい会社」というイメージを与えられ、会社のブランド価値を上げることにもつながるのです。

このようなPOPのセリフを書くためには、つくり手に対し、「なぜこの商品をつくろうと思ったのか」「どんな人に使用してほしいのか」「どのような思いでつくっているのか」をヒアリングします。そして、その内容を客観的にとらえた文面でPOPのセリフを書くのです。

●つくり手が話していたかのように書く

ここで注意が必要なのは、「つくり手の思い」ですから、あくまでも客観的な文面で書くということです。たとえば、「この商品をつくった職人が『この先これ以上の商品はつくれない……』と語るほどの出来栄えだそう」などの表現方法です。こうすることで、POPのセリフとしての説得力が高まるのです。

また、使用素材や特性などのこだわりを書く際でも、それを「つくり手の話」として書くだけで説得力が増します。例をあげてみると、

長野産のりんごの中でも最も酸味と甘みのバランスがよい「●●」という品種を使用しています。

という文面を、つくり手から聞いたように書くと

職人が、酸味と甘みのバランスが最もよい品種を選びに選び、やっと辿りついた長野産の「●●」を使用したのだとか。

ほんの少しの表現方法の違いですが、説得力が増すとともに、信頼度が上がるのです。

商品の使用感などは、従業員やお客様の声を採用するように、商品についてのこだわりは「つくり手の思い」を実際にヒアリングして書くとよいのです。

豆腐づくりにかける想いや製造工程を POP にすることで、商品への安心・安全感を訴求する

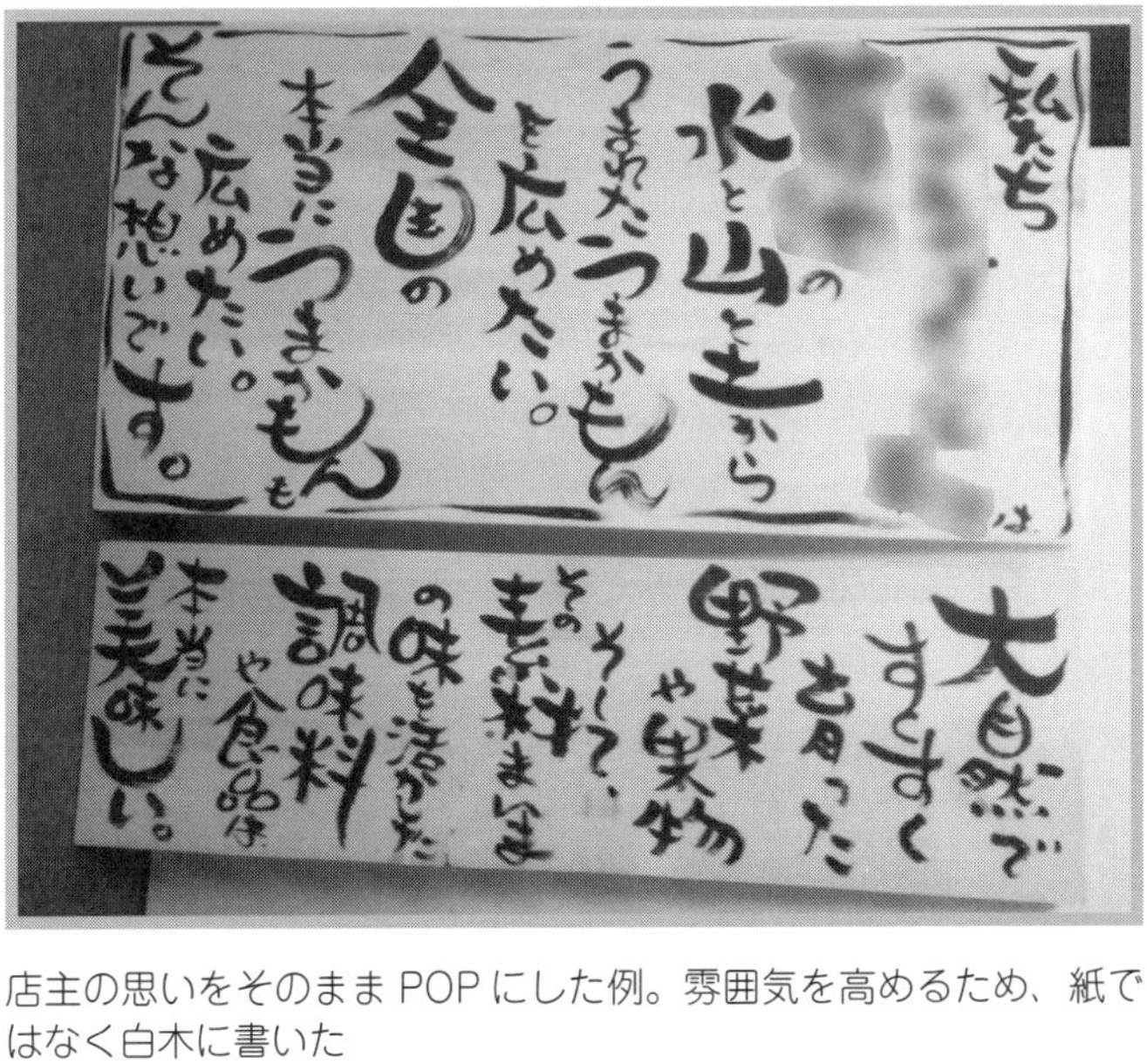

店主の思いをそのまま POP にした例。雰囲気を高めるため、紙ではなく白木に書いた

Section 6

使用素材の特長をトコトン書く

●細かい情報が信頼につながる

近年、ロハスや本物志向ブームにより、「高価でも本当によいもの」を求める人が増えているように思います。このようなお客様に対して効果を発揮するのが、素材や原料などの特長を詳しくセリフに書いたPOPです。

例えば、最近のスーパーマーケットでは、野菜や肉、魚などの生鮮食品については産地を記載するのが当たり前になってきています。しかし、少し値の張る高級スーパーなどをのぞいてみると、産地だけでなく生産者の顔や名前、収穫した数量までもが書かれているのです。これは、本物志向のお客様のために、特長をトコトン書いている例になるでしょう。事細かに記載することにより、その商品への信頼感が高まるのです。

さらに、食品や化粧品など体に直接触れる商品に関しては、素材などを詳細に公開することにより、商品に対する安心感も訴求できます。素材の産地については、「国産」よりも「●●県産」、「●●県△△町の」など、詳細になればなるほど安心感、信頼感は増すのです。その商品のつくり手の自信がうかがえるためです。

このように、人体に直接触れるような商品については、使用している素材などを事細かに記載するだけでも、POPのセリフとしては十分効果的といえます。また、より信頼感・安心感を訴求するためには、セリフの内容に合った写真やイラストを加えると、より理解が深まるのでよいでしょう。

●どんなお客様にも理解できる言葉で

しかし、この手法で書くセリフでは、その商品や業界に携わる人でなければ理解できない「専門用語」が多くなりがちですから、注意が必要です。普段あまり耳にしない素材名などには、フリガナをふったり注釈で説明をつけたりするようにします。お客様は玄人ではありません、あくまでも素人です。専門用語は理解できないものとしてPOPを書くことが必要なのです。目安としては、前述しました通り「小学6年生でも理解できるかどうか」を考えるとよいでしょう。独りよがりのPOPにならないよう注意が必要です。

店内のパンに使用している特別な砂糖を販売しているPOPの例。砂糖の価値を伝える他、パンの価値を高めることができる

生産者の思いを伝えるPOPをパソコンで作成した例。写真を多用し、色合いを工夫することであたたかさを表現する

Section 7

「こだわり」は箇条書きで

商品やサービスには、お店独自のこだわりが多く存在していると思います。商品であれば、その製造方法やつくり手の思い、使用している素材など、一言で述べるのは難しいと思います。お客様に商品のよさを知っていただくためには、POPでそのことを記載する必要があります。

しかし、これまでにも述べたように、商品やサービスのこだわりについて書くとき、「専門用語」が多くなり、素人であるお客様にとっては理解しにくい内容になりがちです。特に、長い文章になってしまうと、「専門用語」によって文脈がわからなくなることが多いのです。そのためにも、POPのセリフとして商品やサービスのこだわりを書くときは、箇条書きにすることをおすすめしています。

箇条書きにするメリットは次の3つです。

① 読みやすい
② こだわりがたくさんあるように見える
③ 書き手にとっても書きやすい

●お客様にも書き手にも効果的な箇条書き

ダラダラと長い文章では、読みにくいPOPになってしまいます。箇条書きにすることで1文の長さが20文字程度になるため、一瞬で文章を理解することができます。さらに、箇条書きにした「こだわり」が5つも6つもあると、商品やサービスに対する自信のほどがうかがえます。信頼度が上がるのです。

また、箇条書きにすることにより、書き手にとっても書きやすくなります。多くのキーワードを盛り込みながらひとつの文章にまとめようとすると、文章力も要求されることから、スタッフがPOPを書きたがらなくなります。一方、箇条書きの場合は、商品やサービスの特長さえ知っていれば、いくつでもあげることができるでしょう。

POPを書く場合、「字が汚い」「絵が書けない」という理由よりも、圧倒的に「文章が考えられない」という理由でPOPを書かない人が多いようです。これを解消するためにも、箇条書きで書くことをおすすめします。

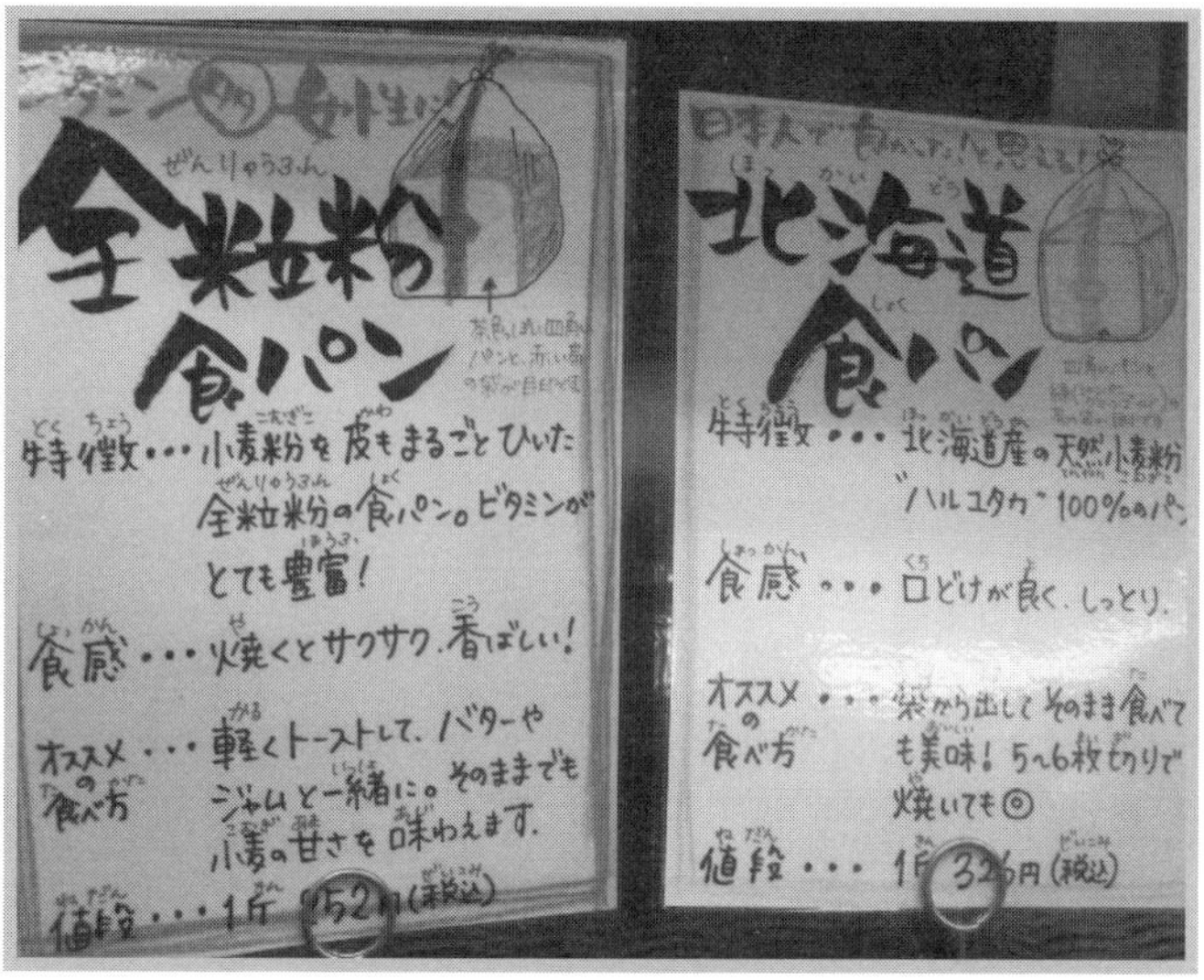

長い文章よりも簡潔でわかりやすいのが箇条書き。商品の比較も容易になる

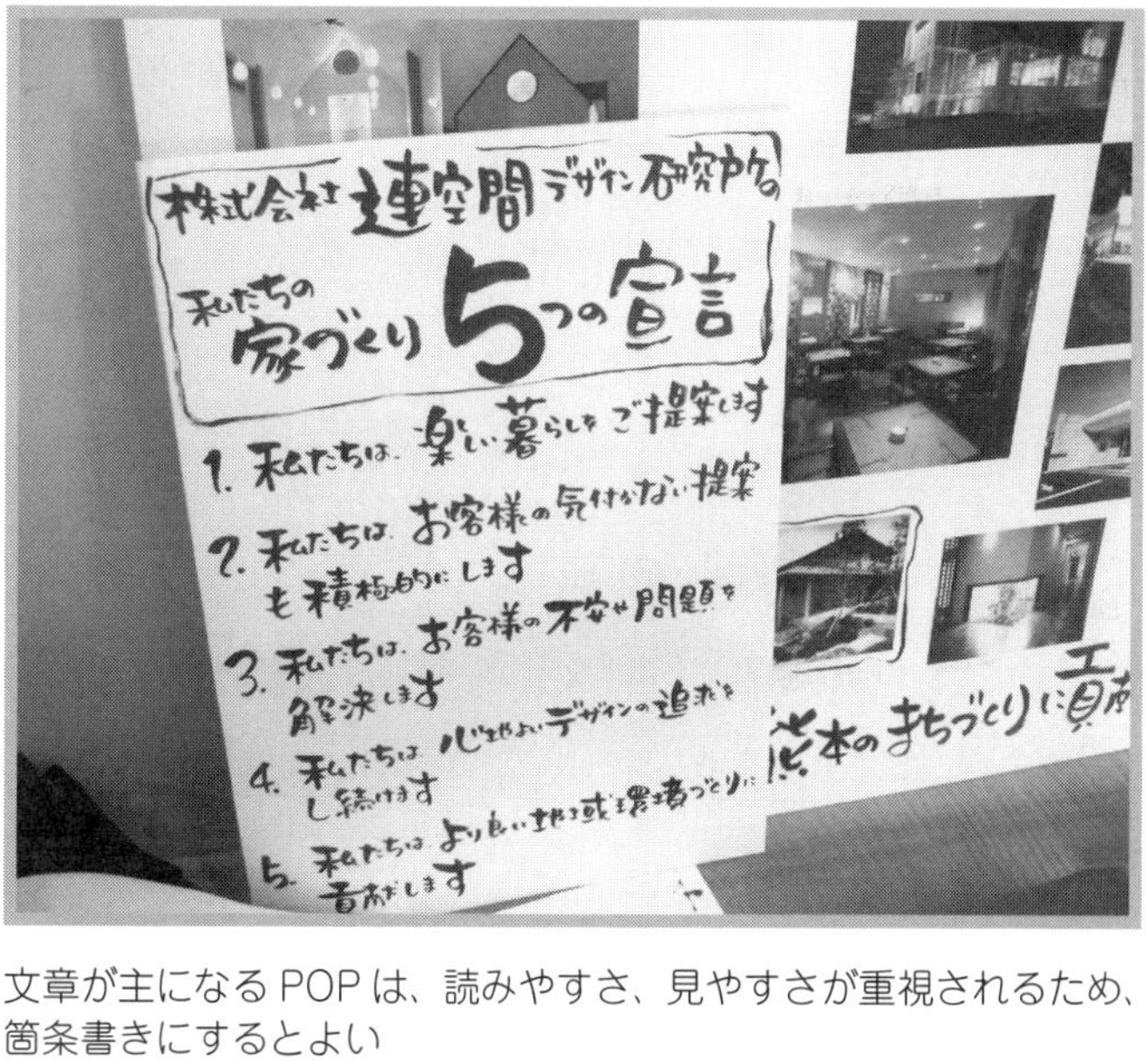

文章が主になる POP は、読みやすさ、見やすさが重視されるため、箇条書きにするとよい

Section 8

他商品と比較する

●比較POPの注意点

小売店であれば、店内に類似品は存在すると思います。お客様から「この商品とあの商品はどう違うの？」と聞かれることも多いのではないでしょうか。このようなときに効果的なものが、他商品と比較するPOPです。1枚のPOPの中に、複数の商品を記載してもよいですし、商品ごとのPOPを何枚か並べ、比較できるようにしてもよいでしょう。

しかし、この比較POPを使用する前提として、類似品の売上金額や販売個数に優劣をつけ難い場合に限るようにしましょう。明確に優劣がついている商品で比較してしまうと、売れ筋である商品の売れ行きが悪くなる可能性があります。売れ筋商品の販売個数や売上金額の減少は、店全体の売上減少につながるため避けなければならないのです。明らかに売れていない商品であれば、POPの設置ではなく売場から撤去する決断が必要です。

●お客様が選びやすくするためのPOP

商品の特性の他、売上金額や販売個数が類似している商品の場合には、「比較」といっても優劣をつけるのではありません。各々の特長を説明した上で、お客様が自分の好みに合わせて選べるようにするのです。

この比較POPは、特性が専門的でわかりにくい商品、例えば、パソコンや家電、医薬品などの場合に効果的です。パソコンを購入しようとするとき、デザインだけで購入を決定する人ももちろんいますが、多くの場合は機能や利便性など、さまざまな面を比較・検討して購入します。このようなときに、「初心者におすすめ」「持ち歩く人に最適」「ビジネス用として」など、ターゲットや用途別に比較できるPOPを設置すると、お客様にとって親切な売場となるのです。

この比較POPが効果的な商品特性は次の3つです。

① 商品特性が専門的でわかりにくい商品
② 比較が必要なほど高価な商品
③ 売れ行きが似ている類似商品がある場合

以上の場合は、お客様が比較検討できるようPOPを設置することをおすすめします。

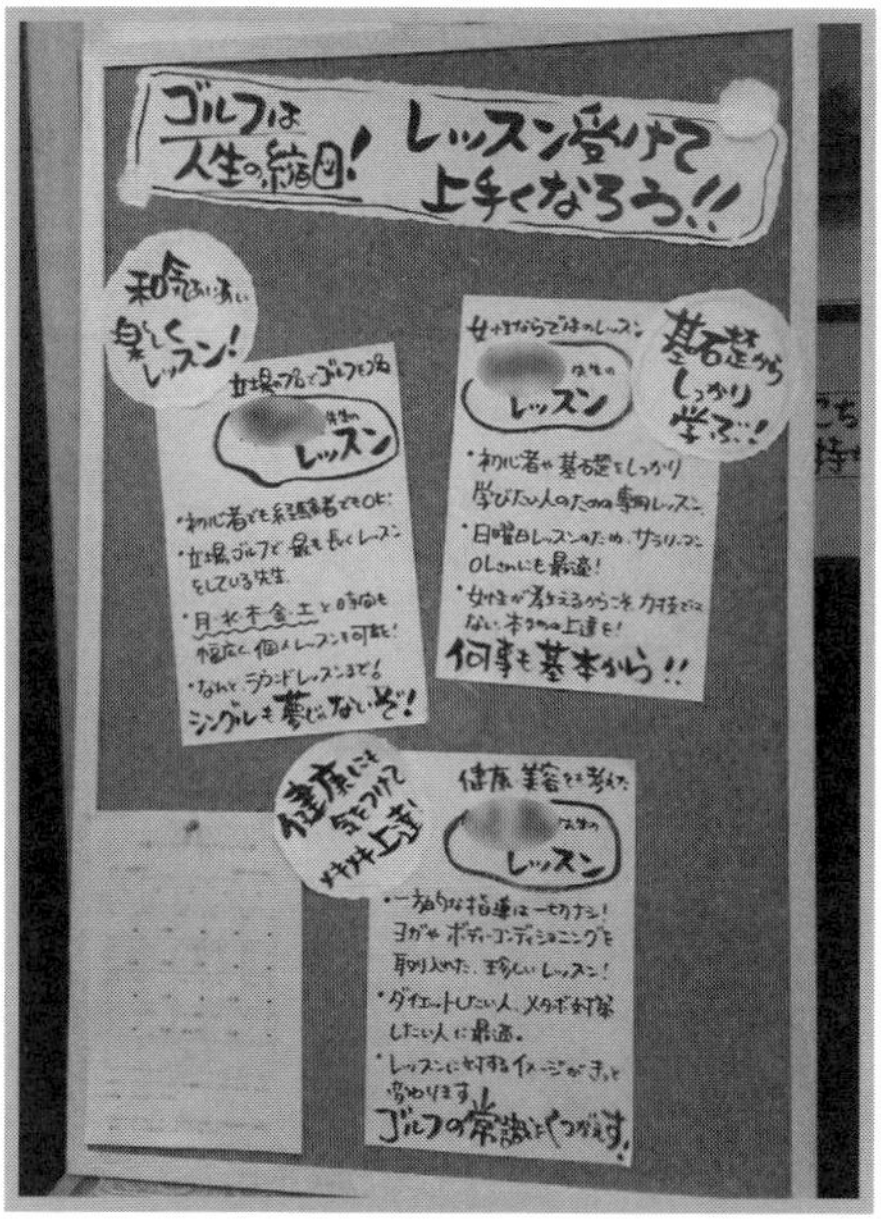

比較してほしい場合は、対象となる内容のPOPは同じ大きさ、テイストで書くとよい（特別おすすめしたいものがあればそのPOPをひとまわり大きいサイズにする）

7 色ある人形について、色ごとの意味を 1 枚にまとめたPOP。
1 枚のPOPの中に比較対象を全部記載してもよい

Section 9

お客様の声を並べる

●お客様の情報がより訴求する

化粧品や健康食品のＰＯＰでよく見られるのが「お客様の声」が入ったＰＯＰです。お客様に実際に商品を使用してもらい、感想や効果などをコメントとしてもらうのです。第三者意見が入ることにより、感想や効果に対しての信頼度が増すため、商品売上に貢献できるのです。

ＰＯＰのセリフとして使用する場合は、次の３つを入れるといいでしょう。

①お客様の顔写真または名前を入れる
②実際にお客様にコメントを書いてもらう
③お客様の性別・年齢を記載する

「お客様の声」は、第三者意見として信頼感を訴求するために入れるものであるため、お客様の顔写真や名前（またはイニシャル）、お住まいの地域などを入れておくと効果的でしょう。さらに、コメントそのものをお客様に書いてもらうことにより、現実味が増すことになります。

さらに、そのお客様の性別や年齢、家族構成、職業などを入れておくこともおすすめします。こうすることで、商品を使用してほしいメインターゲットを暗に訴求することができるため、「お客様の声」を書いた人物と同じ性別・年齢層・職業の人が購入しやすくなるのです。「お客様の声」が入ったＰＯＰを読む側としても、自分の年齢やライフスタイルが近い人の意見があることで、試用への意欲が高まるのです。

●通常のＰＯＰにもう1枚追加すると効果的

これら「お客様の声」は数が多いほど信頼感が増します。しかし、そればかりを載せていては、本来ＰＯＰで説明したい商品の特性などを記載できなくなってしまいます。

よって、キャッチコピーや商品名・価格などが記載されている通常の商品ＰＯＰとは別に、Ａ４サイズ程度で1枚、「お客様の声」だけを集めたＰＯＰを別途作成するとよいでしょう。通常のＰＯＰで商品特性を訴求した上で「お客様の声」があることにより、訴求力が一層高まるのです。

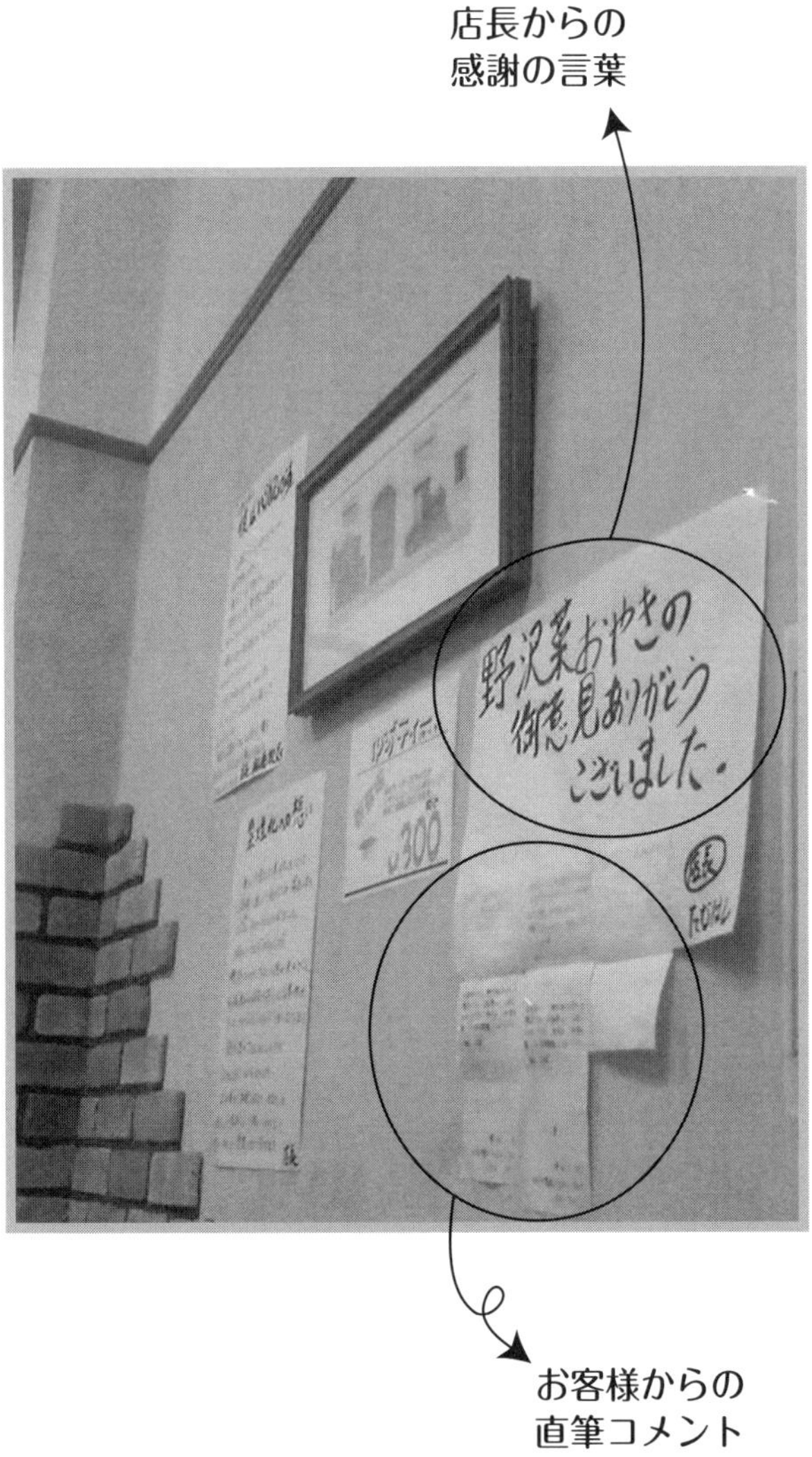
店長からの
感謝の言葉
野沢菜おやきの
御意見ありがとう
ございました。
店長
お客様からの
直筆コメント

お客様からの声を、そのまま POP として掲示している例。他のお客様からも声をいただきやすくなる

Section 10

従業員のおすすめコメントを入れる

これまで説明してきたように、ＰＯＰにはさまざまなセリフを入れる必要があります。商品の特長やその商品をつくる人・会社のこと、こだわりなどです。しかし、お客様が本当に知りたい情報は、その商品を使用したとき、食べたときなどの感想です。そこで、ＰＯＰのセリフとは別に、従業員自らが使ったとき、食べたときの感想をコメントとして入れることをおすすめします。

従業員のコメントとしてＰＯＰのセリフを書く場合は、次の3つのポイントをおさえるようにします。

①従業員の名前（ニックネーム）を書く
②従業員の顔写真またはイラストを入れる
③できる限り直筆で書く

ＰＯＰのセリフを、より現実味を帯びたものにするためには、その商品をおすすめしている従業員の名前を入れておくとよいでしょう。ただし、女性スタッフの場合は防犯上、ニックネームにしておいてもよいでしょう。

さらに、顔写真やイラストを入れたり、従業員の直筆でＰＯＰを書いたりすると、お客様に対しての訴求力が高まります。

●従業員の意識にも効果的

ＰＯＰに従業員のコメントを入れておくメリットを他にもご紹介しておきましょう。

①従業員の参画意識が高まる
②商品に対する自信が高まる
③よい店である印象づけができる

以上のように、パートアルバイトを含む従業員の参画意識を高めるには、ＰＯＰのコメントを考えてもらうことも効果的です。自分が自信を持っておすすめできる商品を探すことで、ＰＯＰひとつにも責任を持つことができるだけでなく、商品に対して自信を持つことができるようになるため、接客技術の向上にもつながります。

さらに、ＰＯＰに従業員を出すことで、お客様に対しても商品への自信や従業員の責任が伝わります。つまり、お客様にとってよいお店・よい会社であることを印象づけられます。まずはＰＯＰ1枚から、従業員にも積極的に参加してもらうとよいでしょう。

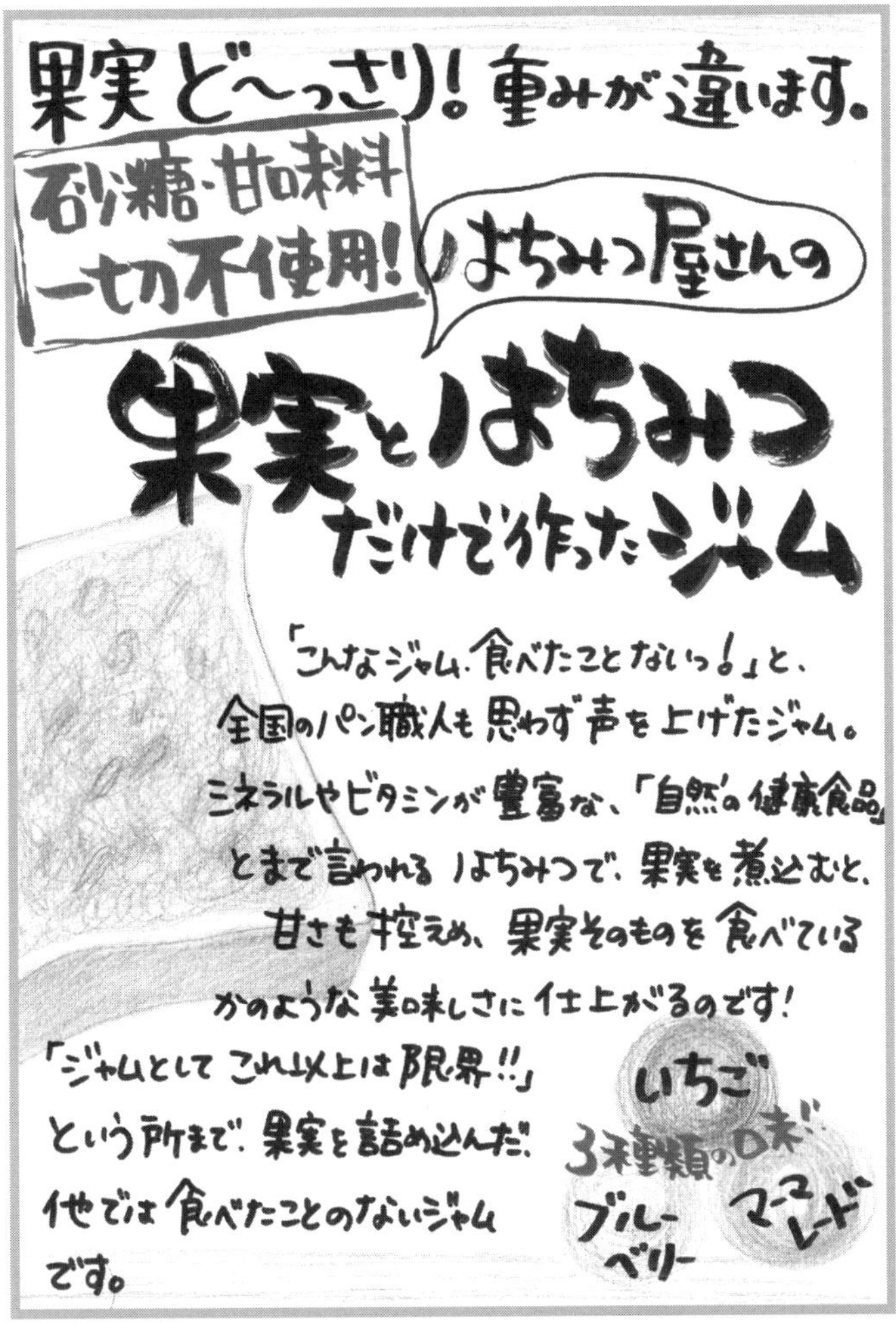
果実ど〜っさり！重みが違います。
砂糖・甘味料一切不使用！
はちみつ屋さんの
果実とはちみつだけで作ったジャム
「こんなジャム、食べたことないっ！」と、全国のパン職人も思わず声を上げたジャム。ミネラルやビタミンが豊富な、「自然の健康食品」とまで言われるはちみつで、果実を煮込むと、甘さも控えめ、果実そのものを食べているかのような美味しさに仕上がるのです！
「ジャムとしてこれ以上は限界!!」という所まで、果実を詰め込んだ、他では食べたことのないジャムです。
いちご
3種類の味
ブルーベリー
マーマレード

ジャムを仕入れた店長が「やっと見つけた」と表現することで、仕入商品に対するこだわりや、ジャムのおいしさを訴求することができる

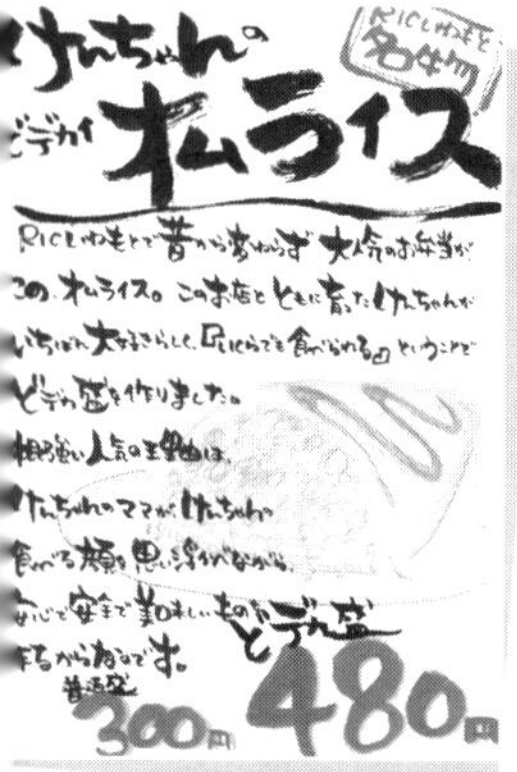

8章 少しの工夫でもっと売れる客層別のルール

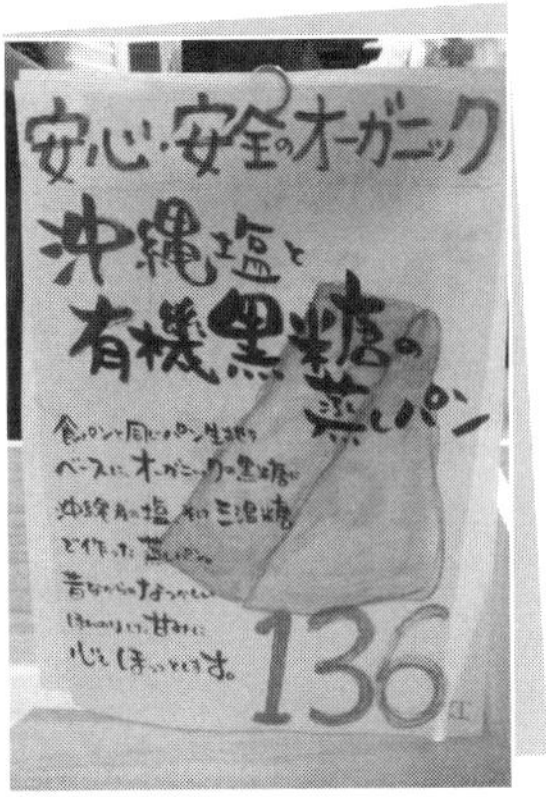
安心・安全のオーガニック
沖縄塩と有機黒糖の蒸しパン
136

ここは
ママ女優
Kitchen!
キッチン

人気のお土産集めました!

Section 1

お客様を知れば売れるPOPが書ける

業種や業態、店舗によってターゲットとしたい客層は異なります。自店のターゲットをより深く知ることにより、その客層に刺さるキャッチフレーズや表現、色使いなどを工夫することができ、より「売れる」POPを書けるようになります。

たとえば、男性客がターゲットなのに、POPにピンクや赤を多用し、丸文字で可愛いらしく書いてあっては、男性客はまったく反応しません。むしろ「なぜこんなPOPなんだ？」と疑問に思わせてしまいかねません。別の例でいえば、右脳（感覚的な脳）が発達している女性客に対し、堅苦しい言葉ばかりがずらりと並ぶPOP（左脳的な表現）で訴求しても、女性は見る気も読む気もしないのです。つまり、自店のターゲットを知り、そのターゲットが求めているもの、より反応するものを研究する必要があるのです。

●ターゲットのことを知る方法

ターゲットが求めているものを知る有効な方法として、その世代が読む雑誌を見ることです。女性誌であれば、働く女性向け、主婦向け、ロハス志向など、何十種類もの多様な雑誌があります。色使いやフォント（文字の種類）、キャッチフレーズ、写真と文字の割合など、そのすべてが勉強になります。さらに、ファッション雑誌であっても中のページには、その世代が興味を持つ内容、例えば、家事や子育てについて、貯金についてなどの特集が組まれていることがほとんどです。そのような情報に目を通すだけでも、ターゲットがどのような心理で買い物をしているか知ることができるでしょう。

また、どのような地域でも「衣→食→住→遊→育」の順で業界が成熟していきます。自店の業種・業態よりも成熟している業界のモデル店を視察に行くことでも、その世代が求める要素をつかむことは可能です。

さらに、自店の既存客に直接聞く方法もおすすめします。既存客の中でもより来店頻度や貢献度の高い顧客層に対し、アンケートを行ないます。そこで、自店のPOPは見やすいか、読みやすいか、情報は魅力的か、など聞いてみるのもよいでしょう。

お客様を知ろう！

50歳以上の女性

興味があること

・健康・安全・安心・本物

特　徴

・団塊の世代
・時間的、金銭的余裕も

求めることがまったく違う！

20歳以下の女性

興味があること

・美容・ファッション・流行

特　徴

・「本物志向」が少ない
・金銭面に限りがある
・メール世代で会話が少ない

Section 2

50歳以上の女性客がターゲットなら・・・

●まずはキーワードを決めよう

この世代は、いわゆる「団塊の世代」といわれ、子育てが一段落し、時間的にも金銭的にも余裕が出てくるようになります。また、近年の健康志向により、食べ物の産地を気にかけたり、定期的に運動に励んだりするなど、「多少お金がかかっても本当によいもの」を求める世代でもあります。女性であれば美容にも気を遣いますからなおさらでしょう。

そこで、50歳以上の女性をターゲット客とする場合には、「健康」「本物」「安心・安全」などのキーワードに興味を示すため、ＰＯＰにもこのような内容を盛り込むことが必要になってきます。

●文字の書き方と大きさも要注意

次に、この世代に共通していえる特徴は、「小さい文字を認識しづらい」ということです。第一印象で「見えない」「読みにくい」と思ってしまえば、そのＰＯＰを読む気にはならないでしょう。また、文字自体が大きくても、黒字に白抜きの文字などは認識しづらいようです。

そのため、下地の色は白などの薄い用紙を使用し、黒や赤などのはっきりと認識できる色の文字で、大きく読みやすい字で書くことが必要になるのです。

ある程度の大きさの文字で商品についての説明文を書く場合、Ａ４の用紙であれば70文字程度が限度となります。また、説明文のような小さい文字については、筆ペンよりもマーカーペンなどで書く文字の方が読みやすいようです。文字のスタイルも、丸文字や不揃いな書き方はできるだけ避け、楷書体で書くのが親切といえます。行間を1センチ程度空けながら、4～5行で文章を書くと、より読みやすいＰＯＰとなるでしょう。

ここまでの情報を整理すると、50歳以上の女性向けＰＯＰのポイントは、次のようになります。

① 白色など薄い色の用紙を使う
② 文字色は黒や赤などはっきり見える色でない
③ 文字スタイルは楷書体がよい
④ 説明文は70文字程度にする
⑤ 「健康」「本物」「安全」などのキーワードを盛り込む

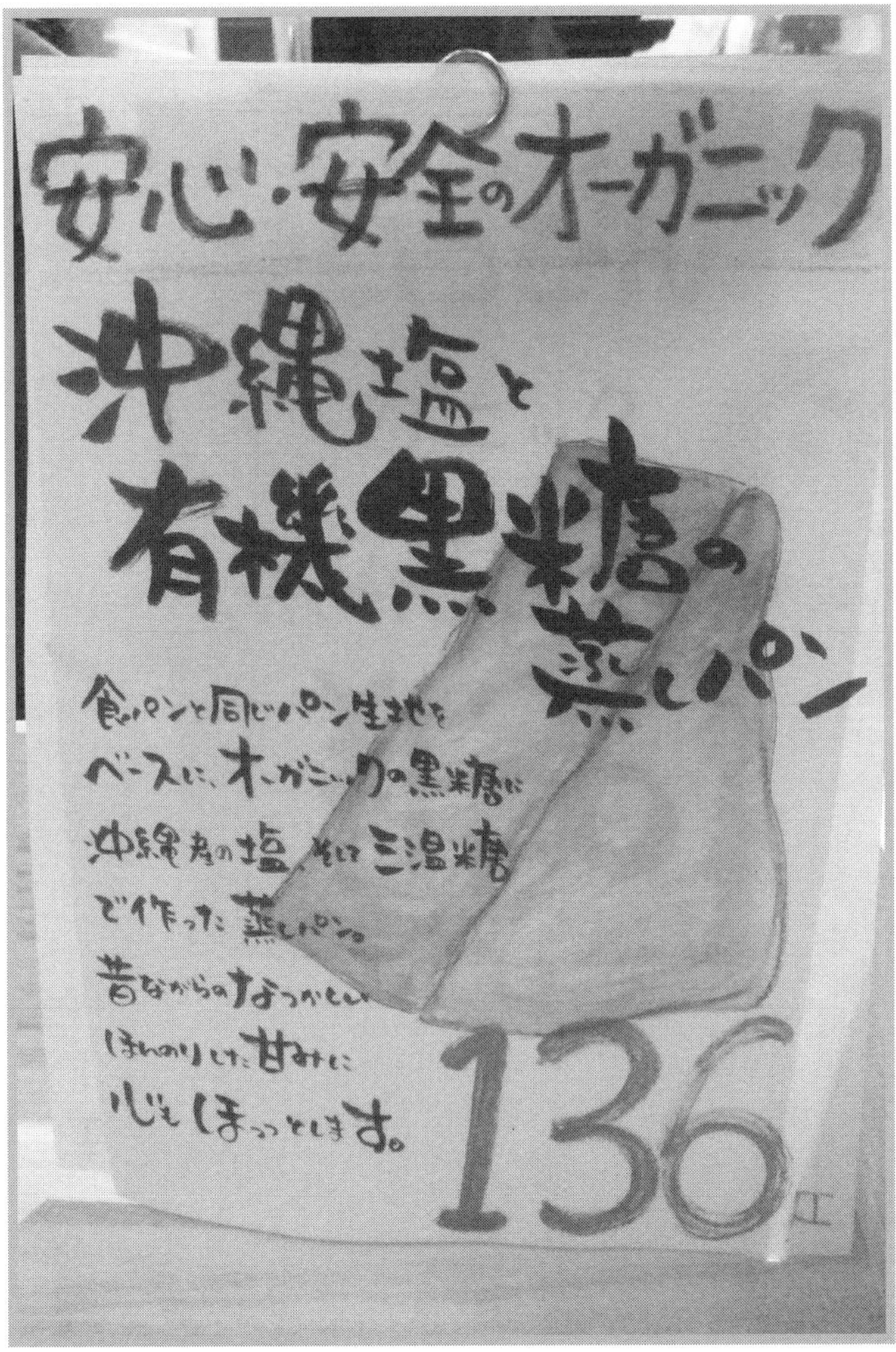

「安心」「安全」のキーワードを盛り込むことで「健康」をアピールし、読みやすい字で書いたPOP

Section 3

30歳以上の主婦がターゲットなら・・・

●まずはキーワードを決めよう

30歳以上の主婦には、子供がいる場合が多いと思います。「主婦」をターゲットとする場合、キーワードになるのは「子供」や「家族」です。独身女性と大きく異なる点は、自分のためだけに使うお金が極端に減ってしまうことです。つまり、それだけ家庭を大切に思っている人が多いのです。よって、ＰＯＰに盛り込む内容も、「家族のために」「子供のために」というものが好まれる傾向にあります。

その一方で、世帯収入にも限りがあるために、生活費をおさえる家庭も多く存在します。その場合は、安くて量が多いもの、子供から大人まで誰もが使えるもの、などが好まれるようになります。

以上のことから、30歳以上の女性をターゲットとする場合には、その家族構成をある程度想像で創り上げ、その家族が求めるものを訴求していかなくてはなりません。

例えば、35～40歳主婦の場合、その子供は小学生が多くなります。遊ぶことに夢中で、食べ盛り、オシャレにも少し興味が出てくる……といった年頃でしょう。そうすると主婦の目は、子供が外で遊ぶのに適した洋服であったり、食べ物であれば量が多いものなどに注意しやすいと考えられます。そのため、子供服のお店ならば「汚れにくい」「洗濯に強い」「丸洗いできます」といったキーワードをＰＯＰに一言添えるだけでも、興味をひきやすくなるのです。

●家族全員がターゲットになる

主婦の多くは、自分のためよりも「家族のため」にお金を使います。ターゲットが主婦の場合は、その家族全員がターゲットになることを、再度認識していただくことが必要となります。

その他、ＰＯＰに盛り込んで効果的なキーワードとしては、「節約」「お買い得」「手軽」「便利」「（子供にとって）安心」など、生活に密着したものがあげられます。これらは、自店で働く主婦のパートさんなどに聞きながらＰＯＰに盛り込むことをおすすめします。

30代主婦が家に対して興味を持つのがキッチン。「キッチンはあなたが主役になれるようにつくりました」と訴求することで興味をひく

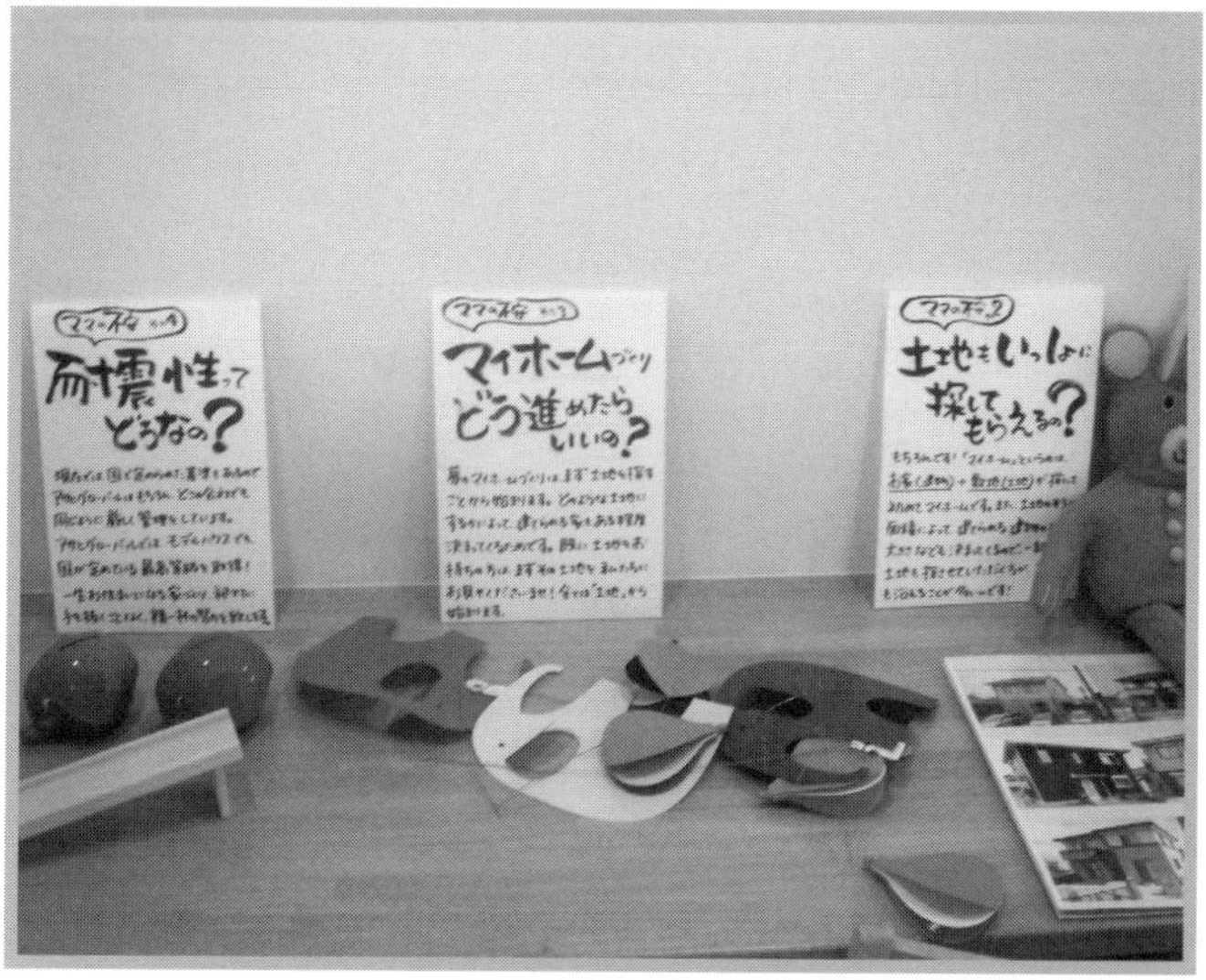

ターゲット層が日頃、不安に感じている内容をヒアリングし、POPにまとめることで興味をひくことができる

Section 4

30歳前後の独身女性がターゲットなら・・・

●自分のために消費できる世代

この世代の独身女性は、実家暮らしの人と一人暮らしの人と大きく二分されますが、共通していえるのは、自分にかけるお金に関してはある程度の余裕がある、ということです。収入が特別多いわけではありませんが、食費や生活費はおさえてでも、興味のあることにかけるお金は多いのが特徴です。

30歳前後の女性が興味を持つキーワードは「女性らしい生活」ということです。例えば、エステや美容院などのビューティー分野やカルチャースクール、食べ物であればスイーツなどの分野です。「自分の美のために」「自分の教養のために」など、自分に対する投資であればお金を使うのです。この世代をターゲットにするなら、POPには「商品を使うことによる効用」を強調するとよいでしょう。

●独身女性向けPOPのポイント

さらに、この世代は女性誌やテレビなどの情報にも敏感です。雑誌やテレビで取り上げられた実績をPOPで語るだけでも、ターゲットの興味をひくことができます。

POPには、女性らしい色（赤・ピンク・黄など）や元気が出るポップな色(橙・黄緑など)を使うと、ターゲットの興味をよりひきつけることができるでしょう。また、文字の種類もスマートで読みやすさを重視したものよりも、可愛らしい文字や癒し系のやわらかい文字などを使うと、より雰囲気を出すことができます。

さらに、よりPOPの内容を身近に感じてもらうためには、ターゲットと同じ世代の女性の写真などを記載するだけでも訴求力が高まります。「同じ世代の同じような女性が支持しているのだ」という感覚になるのです。

ここまでの情報を整理すると、30歳前後の独身女性向けPOPのポイントは、次のようになります。

①「自分のために」なる情報を提供する
②雑誌やテレビで取り上げられた実績は必ず載せる
③女性らしい色使い
④可愛らしい・やわらかな文字を使う
⑤同じ世代の女性の写真を記載する

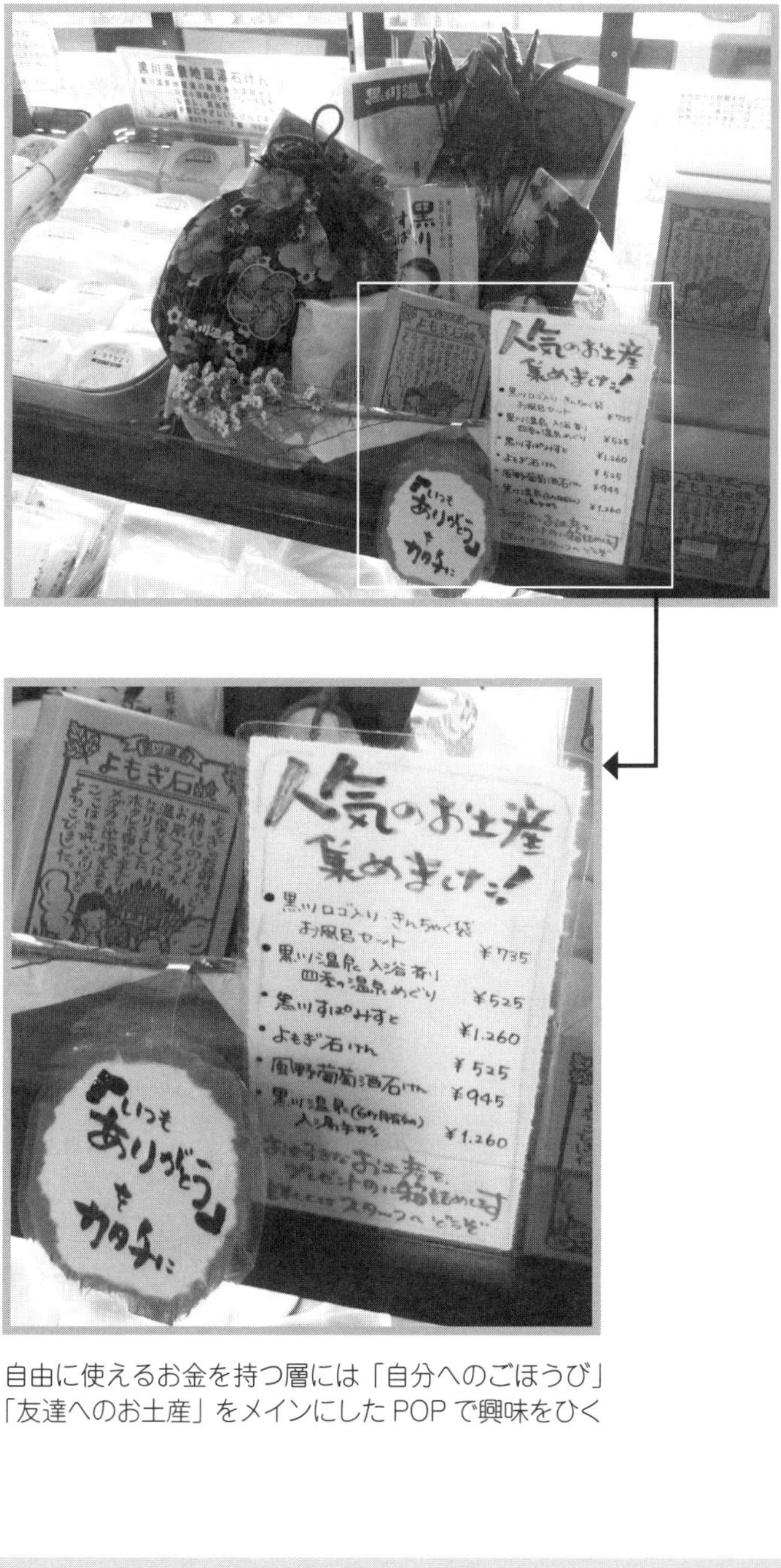

自由に使えるお金を持つ層には「自分へのごほうび」
「友達へのお土産」をメインにしたPOPで興味をひく

Section 5

20歳以下の女性がターゲットなら・・・

●憧れの的を登場させるのが最も効果的

この世代の多くは学生で、自由に使えるお金はかなり限られています。そのため、「安かろう悪かろう」商品でも比較的安易に購入するのが特徴的です。

学生の女の子たちは、「カワイイ」「流行っている」「安い」ものが大好きです。中でも、流行にはとても敏感ですから、女性誌やテレビなどで話題であること、同じ世代のモデルや芸能人がおすすめしていることなどには、とても興味を持つのです。情報を得るスピードも速いため、「新発売」というキーワードにも興味を持つでしょう。

ＰＯＰには、この世代で人気の雑誌に出てくるモデルなどを起用することが最も効果的です。この世代の女の子たちにとって、雑誌の中で見るモデルは憧れの的。「こんな風になりたい！」という願望がとても強いのです。モデルが使用しているもの、おすすめしているものであれば、是非起用しましょう。

ＰＯＰの色使いとしては、パステルカラーやラメ（キラキラ感のあるもの）に人気が集まります。また、「癒し」の雰囲気よりも、「にぎやか」「派手」なものに目が行きがちのようです。ＰＯＰを書く際の原則としては、ＰＯＰ内の使用色は3色以内と前述しましたが、この世代をターゲットとする場合に限り、もう1色2色増やしてもよいでしょう。

ＰＯＰ内の文字は、アンバランスな手書き文字が好まれます。パソコン用の特殊フォントの例をあげれば、「あくあフォント」「しねきゃぷしょん」という種類があります。これらの文字種は一般販売もされているので、20歳以下の女性を主なターゲットとする店舗の場合は購入しておくとよいでしょう。

ここまでの情報を整理すると、20歳以下の女性向けＰＯＰのポイントは、以下のようになります。

①「カワイイ」「流行」「安い」を訴求
②「新発売」も効果的
③雑誌のモデルを起用
④にぎやかさ、派手さのある色使い
⑤アンバランスな手書き文字がよい

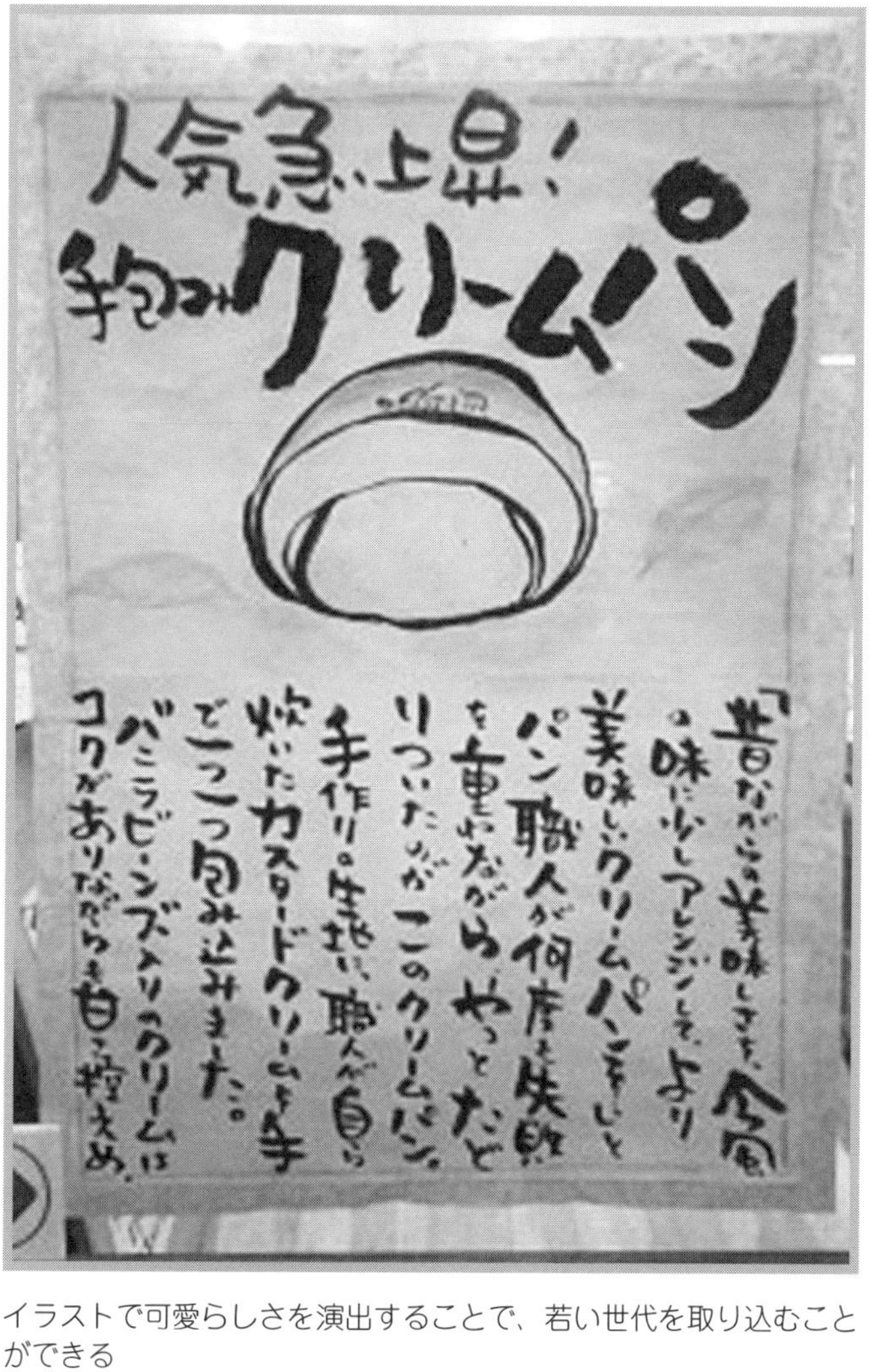

イラストで可愛らしさを演出することで、若い世代を取り込むことができる

Section 6

男性客がターゲットなら・・・

男性客の場合は、女性客をターゲットとする場合と異なる点が多く出てきます。例えば、

・イラストより文章
・やわらかさよりもスマートさ
・カラフルより白黒
・丸より四角
・平仮名より漢字
・手書きよりパソコン文字
・ごちゃごちゃよりスッキリ

といったものを好む傾向にあります。

男性と女性とでは脳のつくりが異なります。感覚的・芸術的な表現よりも、より直接的で論理的な表現の方が伝わりやすいのです。

●論理的なPOPとは

次のようなポイントをおさえるとよいでしょう。

①文章で直接的な表現を
②POPはスッキリと見やすく書く
③文字はパソコン文字や楷書体など読みやすいものを使用
④3色以内でメリハリをつける
⑤説明文は100文字程度まで

先述の通り、感覚でとらえる情報よりも、論理的に説明された文章での情報の方が伝わりやすいので、POP内の説明文は長めにしてもよいでしょう。ただし、読みやすいように楷書体で書いたり、パソコン文字を使用するなどの工夫が必要になります。

また、女性の多くが好む「ごちゃごちゃ感」は男性にはほとんど通用しません。POPを読む気にならないといいます。そのため、POPは情報を整理整頓しながら、見やすく書くことが重要です。色使いも、強調したいところが目立つよう、2～3色でシンプルにしましょう。

多くの男性が興味を持つのは、「女性からどう見られるか」というものです。POPのキャッチコピーなどに、「●●歳の女性から大人気！」「彼氏に持ってほしい！」と話題沸騰」など、女性の目を意識させるフレーズなども効果的といえるでしょう。

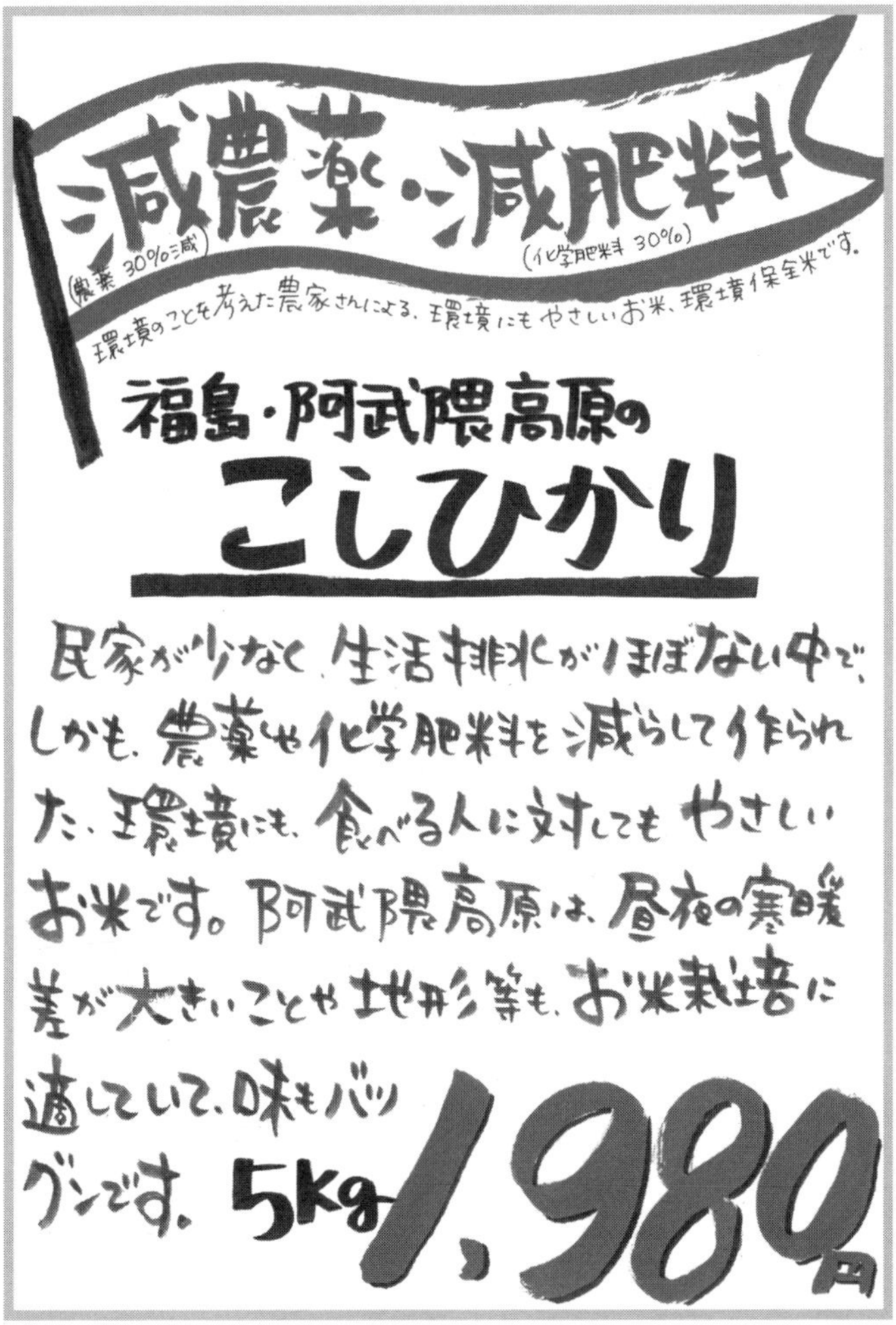
減農薬・減肥料
(農薬 30%減)
(化学肥料 30%)
環境のことを考えた農家さんによる、環境にもやさしいお米、環境保全米です。
福島・阿武隈高原の
こしひかり
民家が少なく、生活排水がほぼない中で、しかも、農薬や化学肥料を減らして作られた、環境にも、食べる人に対してもやさしいお米です。阿武隈高原は、昼夜の寒暖差が大きいことや地形等も、お米栽培に適していて、味もバツグンです。
5kg 1,980円

男性客は、論理的な表現の方が伝わりやすいため、文字数が多いPOPでもよい。その反面、読みやすさ、見やすさが重要になる

Section 7

幼児がターゲットなら・・・

●ターゲットは親や祖父母

商品の対象者が幼児の場合でも、購買活動をするのはその幼児の親やつき添いの人間になります。つまり、幼児連れのお客様が本来のターゲットになります。この場合は、次のいずれかの方法により訴求力の高いPOPにすることが可能です。

①子供に直接訴求する
・子供が好きなキャラクター
・子供の目をひく原色使い

②子供を持つ親や親類に訴求する
・子供に対する安全性の訴求
・子供の知能教育に関わるフレーズ

どんなお父さんもお母さんも、自分の子供は可愛いもの。おじいちゃんやおばあちゃんになれば、孫は目に入れても痛くないほどでしょう。子供が「これ、ほしい！」というと、ターゲットの心は揺れ動くのです。

●それぞれに訴えるPOP

幼児の目をひくため、POPには幼児向けのキャラクターを使用したり、幼児にも読めるように平仮名で書いたPOPを設置するとよいでしょう。また、幼児が興味を持つ色は原色とされているため、POPも鮮やかな原色使いで書くとよいでしょう。

その一方、幼児を連れている人に向けて訴求する方法もあります。この場合、子供が使用（飲食）しても安全性が高いことや、使用することで脳の発達を促すことなど、子供に対する「安全・安心」「成長」「知育」に関するキャッチフレーズを書くことが望ましいでしょう。

自分の子供のためであれば、少々値が張っても「本当に安全なものを買おう」「本当によいものがほしい」と考えるのが親心です。

また、この場合のPOPでは、自然環境をイメージさせる写真や、裸の赤ちゃんの写真など、ロハス的要素を盛り込むことにより訴求力が高まります。色使いも奇抜なものでなく、自然をイメージさせる茶（木）・緑（葉）・橙（太陽）・水色（海）などを使用することをおすすめします。

幼児がターゲットであることは、その親をターゲットにしていることに等しい。特に母親をターゲットにした内容に興味を持つ

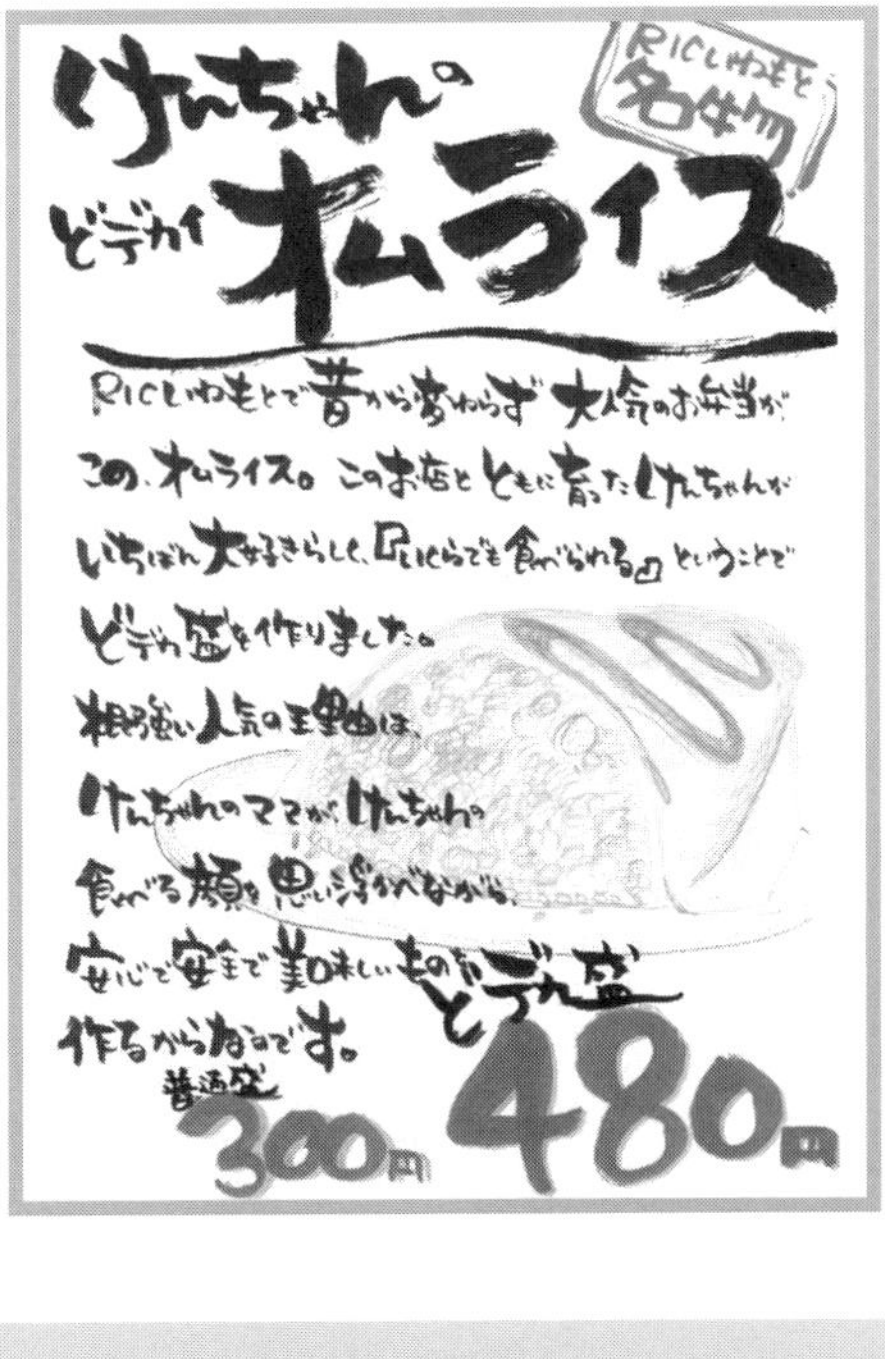

「子どものためにつくった」ことを訴求することで、商品に対する安心感を訴求できる。子持ちのターゲット層から評価を得られる

9章 POP活用術

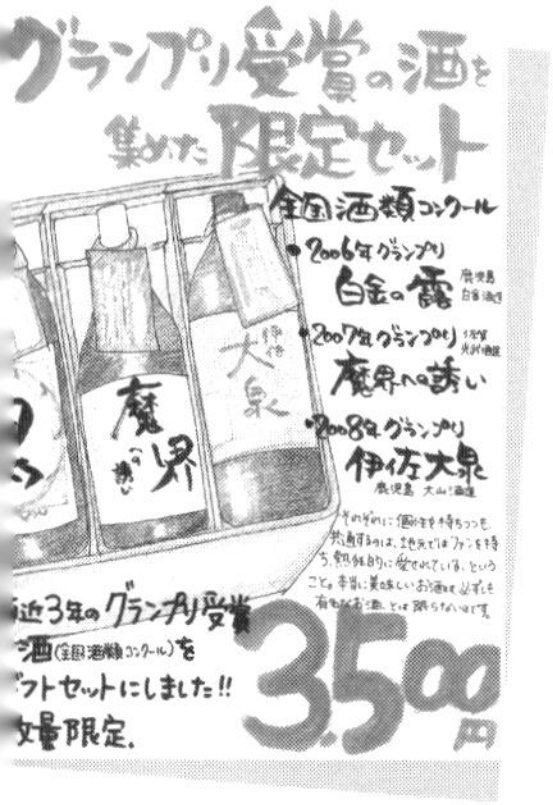

グランプリ受賞の酒を集めた限定セット
全国酒類コンクール
2006年グランプリ
白金の露
2007年グランプリ
魔界への誘い
2008年グランプリ
伊佐大泉
魔界への誘い
近3年のグランプリ受賞
酒(全国酒類コンクール)を
フトセットにしました!!
数量限定.
3500円

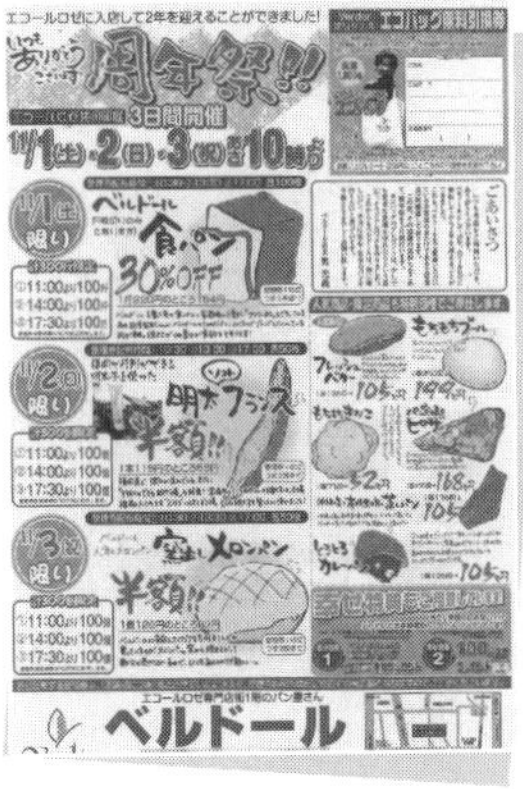

1　POP の効果をひき出す売場づくり

2　POP の技術で当たるチラシを書こう

3　POP の技術で当たる DM を書こう

4　POP の技術で店内通信を書こう

5　POP で接客上手になろう

Section 1

POPの効果をひき出す売場づくり

これまでに説明してきたように、ＰＯＰひとつで商品の売れ行きを変えることは可能です。しかし、単純にそれとなくＰＯＰをつけても、お客様に与えるインパクトは変わりません。ＰＯＰの効果を最大にひき出すには、それを設置する売場にも工夫が必要です。

売場づくりは、どの商品をどの場所に、どのくらいの面積を使用して陳列するかをまず決めることからはじまります。これは、ＰＯＰを書く際に、紙面のどの位置に何を書くか決める作業とまったく同じことです。たとえば、目をひきつけるためのキャッチフレーズをＰＯＰの上部に書いたり、お買い得感を演出するために価格を大きく赤文字で書いたりするように、売れるモノ・売りたいモノを店頭や入口付近に陳列するのです。

さらに、先に説明したように、主力商品のＰＯＰは他の商品ＰＯＰよりもひと回り大きくし、枚数も多く設置すると説明しました。これを実現するには、主力商品の陳列場所は、他の商品の陳列面積よりも広くなくてはなりません。つまり、ＰＯＰの大きさと同じように、売場にもメリハリをつけることが重要になってくるのです。

●売場づくりの考え方

売場づくりの際に重要なポイントは、次の５つです。

①店内レイアウト（面積配分）
②陳列棚の種類
③棚割り（陳列場所）
④フェイス数（陳列面の数）
⑤陳列量（積上げ段数）

この５つを順番に決定してゆけば、業績向上につながる売場づくりが可能になります。

①のレイアウトについては、店頭や入口付近、エンドに主力・準主力商品を陳列します。店頭やエンドなどお客様の目に触れる機会の多い場所には平台やひな壇を使用することで、より見える商品数が増えるようになります。最後に、売上構成比の高い順番に陳列場所と面積を確保してゆきます。売上構成比と同等の面積比を確保するように留意すると、より売場にメリハリが生まれ、売上アップのきっかけになるでしょう。

**大型POPで
遠くからでもフェアを
開催していることが
わかるように**

**主力商品POPは
大きいサイズを
数枚設置**

特に重要な主力商品の売場では、商品を大量に陳列し、ボリューム感を演出することで目をひくことができる。さらにPOPも数枚設置することで、訴求力を高めるとよい

Section 2

POPの技術で当たるチラシを書こう

●POPもチラシも紙面の割り振りが決め手

POPを作成する際には、キャッチフレーズや文章などの内容ももちろんですが、それ以前に「紙面の割り振り」が重要なポイントとなります。これは、どの項目にどのくらいの面積を割き、どこを目立たせるのか、その決め方ひとつでPOPの訴求力が変わってくるためであり、重要なのは内容ではないのです。

これは、POPだけでなくチラシやダイレクトメール（DM）のような紙媒体でも同じことがいえます。チラシを見るお客様に対し、何を訴求したいのかを明確にしておけば、それだけで反響率は変わってくるのです。

チラシの場合は、新聞折込みやポスティング、街頭での手配りなど配布方法はさまざまですが、「不特定多数の目に触れる」という点が最も特徴的です。お店の場所も何屋なのかも知らない人がチラシを見ることも珍しくないのです。よってチラシで特に訴求すべき点は次の5つに絞られます。

①何屋さんなのか
②主力商品は何か
③チラシの特典は何か
④品揃えの豊富さ
⑤店の場所や連絡先などの情報

主力商品が明確に訴求できていれば、自ずと「何屋さんなのか」がわかるようになります。そのため、チラシでは主力商品1アイテムに対し紙面の10％以上を占めるようにします。また、チラシを見たお客様が来店したくなるよう、③の特典はチラシの上部に5～10％の面積を利用して書くようにします。

さらに、他にどのような商品を揃えているのかも訴求する必要があります。1アイテムあたり5％未満の面積で数多くの商品を記載します。B4片面で20～50アイテムが基本です。

最後に、店名や連絡先、営業時間や地図などもしっかり記載する必要があります。

チラシもPOPも、どの内容にどのくらいの面積を使用するのかがカギになるのです。

チラシもPOPと同じように「何のチラシなのか」が重要になるため、チラシのタイトルは大きくはっきりと書く。また、パンのイラストを入れることでパン屋のチラシであることを訴求する

Section 3

POPの技術で当たるDMを書こう

前項で述べたように、ダイレクトメール（DM）を書く際にもPOPの技術が応用できます。チラシと同じように、訴求したい部分の面積を大きくとり、目にとまるキャッチフレーズを加えればよいのです。

しかし、DMとチラシの大きな違いは、お客様の元に宛名入りで届くか否かというところにあります。つまり、DMを見てくれるお客様は、店側が名前や住所を把握しているほどの固定客であり、売上貢献も大きいと考えられます。店を存続させるためにも特別なお客様であることは間違いないので、それをお客様にも伝える必要があります。よって、DMで訴求すべき点は「特別感」「限定感」であると考えられます。

POPを書く原理を応用すれば、DMでは「顧客限定」「会員様に限り」というキャッチフレーズを紙面上部などの目立つ場所に配置し、10％程度の面積を使用するとよいでしょう。

さらに、手書きでつくればあたたかみも伝わるようになります。価格も大きく書けば、よりお買い得感も演出できることになります。

●新商品の提案にも活用

また、新商品の案内としてDMを送りたい場合には、店で使用する予定のPOPを小さめにコピーし、余白に「■月▲日より発売します」「会員様だけの先行販売」などとつけ加えるだけでも、立派なDMの出来上がりです。

商品が多数ある場合には、すべての商品POPを縮小コピーして1枚に張り合わせれば、DM用のチラシが完成します。ただし、この場合にもPOPの原則通り、売れるモノ・売りたいモノ（新商品・主力商品）の面積は他の商品群よりも大きくしてメリハリをつけるようにしましょう。

以上のように、DMもチラシもPOPも、作成時の原理原則はほとんど同じです。あとは、それを手に取るお客様が新規客なのか固定客なのかにより、面積を大きくする内容に変化をつければよいのです。1枚のPOPを書く技術は、店の販促物すべてに応用できるといっても過言ではないのです。

DMは、パソコンでつくられたものが多いため、手書きにすることで反響率もアップする

Section 4

POPの技術で店内通信を書こう

店内通信とは、来店したお客様に自由に持ち帰っていただいたり、店内に掲示したりするチラシのことをいいます。つまり、手に取る大半のお客様がすでに固定客であることが最大の特徴です。何度も来店したことがあるお客様ですから、折込チラシのように主力商品を訴求する必要はありません。むしろ、主力・準主力商品以外のおすすめ商品などを知らせていく必要があるのです。

店内通信の役割は、大きく3つに分けられます。

① 固定客化
② ブランディング
③ スタッフ育成

固定客に訴求するための店内通信は、定期的に発行することを前提とします。業種によってお客様の来店頻度は異なりますが、おおよそ3～5回の来店ごとに店内通信が変わると、固定客の楽しみとなります。固定客の目に触れれば触れるほど、内容も魅力的になる他、クチコミの発生にもつながるため、固定客化の促進にも効果的です。②のブランディングとは、会社や店のブランド価値を上げることを指します。「お店が今大切にしていること」「お客様に伝えたいこと」などを訴求することにより、理念やコンセプトをお客様に的確に伝えられるのです。さらに、定期的に発信していくことにより、店の考えに共感できるお客様を固定客化しやすくなるのです。

●店内通信をどのようにつくっていくか

以上のような内容を、数人のスタッフが交代で書くことによりスタッフ育成にもつながります。書き方や項目のルールだけをトップが決め、細かい内容はスタッフに任せて書いてもらうとよいでしょう。書く内容に責任を持たせるため、担当したスタッフの名前を入れると効果的です。店内通信には、以下のような項目を盛り込むとよいでしょう。

・新商品情報
・今、店が大切にしていること
・トップの考え
・スタッフのコメント（自由に）
・営業に関するお知らせ（休みの日など）

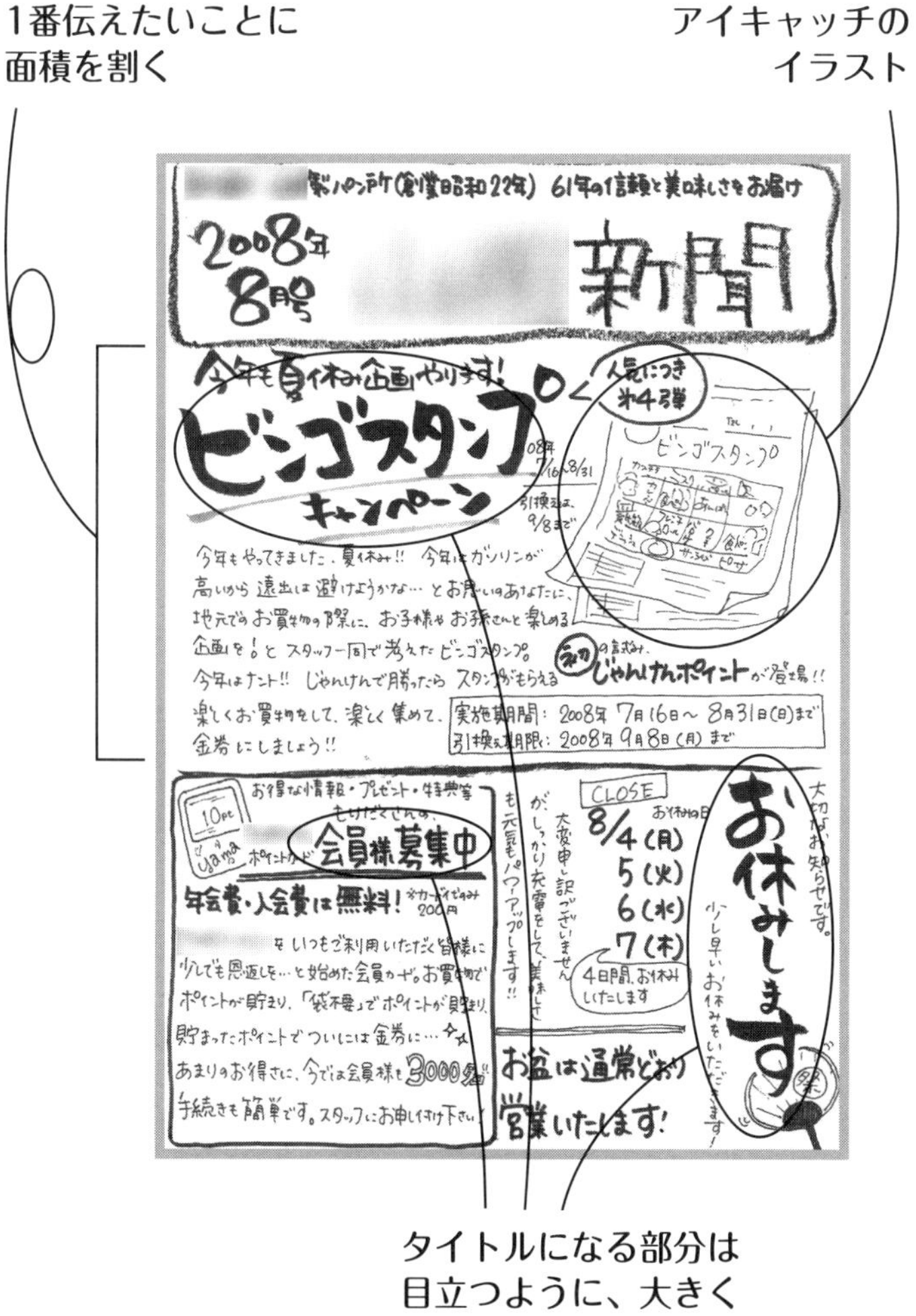
1番伝えたいことに
面積を割く
アイキャッチの
イラスト
2008年
8月号
新聞
今年も夏休み企画やります！
ビンゴスタンプ
キャンペーン
人気につき
第4弾
会員様募集中
年会費・入会費は無料！
CLOSE
お休みします
お盆は通常どおり
営業いたします！
タイトルになる部分は
目立つように、大きく

固定客向け販促の店内通信は必ず手書きにし、定期的に更新することで反響率を上げることができる

Section 5

POPで接客上手になろう

どのような業種においても、店頭にスタッフが立つ限り、その接客技術については常に課題を持つお店は少なくないでしょう。接客力は、個々のスタッフの性格や器量によって、また、接するお客様によっても対応の方法が常に変わるために、その向上には時間と労力を要します。そのため、新しく入社したスタッフが多くなる時期には、店全体の接客力が低迷することも課題のひとつにあげられるでしょう。そこで、新しく入社したスタッフでもひと通りの接客ができるようになるツールとしてもPOPが役立ちます。

通常、チェーン展開されているお店には、新しいスタッフでも簡単に仕事が覚えられるようマニュアルがあります。しかし、中小企業では、マニュアルを作成するだけでもひと苦労です。このような場合は、店内にあるPOPをひと通りコピーし、スタッフに渡すとよいでしょう。今までに説明したようなPOPを作成していれば、お店の理念やコンセプト、主力商品のおすすめ内容、一緒に働くスタッフの紹介までされており、働くために知っておくべき最低限の内容を知ることが可能になるのです。

例えば、主力商品のPOPには、商品名や価格の他、使用素材やおすすめポイントなどが1枚に凝縮されています。ほんの少しでも店内にある商品を知っておくだけで、スタッフの不安も軽減できるはずです。さらに、会話の進め方が得意ではないスタッフでも、お客様と一緒にPOPを見ながら説明をしていけば、立派な接客として成り立つのです。

●さらにステップアップしよう

POPを使った接客に慣れてきたら、POPに書かれている以外の情報をひとつでもいいので、口頭でいえるように練習します。「ここには書いていないですが、○○という特長もあるんですよ」などと伝えるとよいでしょう。すると、お客様は自分だけが特別な情報を教えてもらったように思い、購買意欲が格段に上がるのです。

以上のように、POPは売場に設置するだけでなく、お客様やスタッフへの配布物としても役割を果たせるのです。

おすすめ商品をPOPにし、POPを見て内容を説明できるようにしておくことで、どんなスタッフでも接客レベルが向上する

お客様から頻繁に質問を受ける内容はあらかじめPOPにしておくことで、目で見ながら説明することができるため知識がないスタッフでも説明できる

10章 今スグ書ける「売れるPOP」のコツ

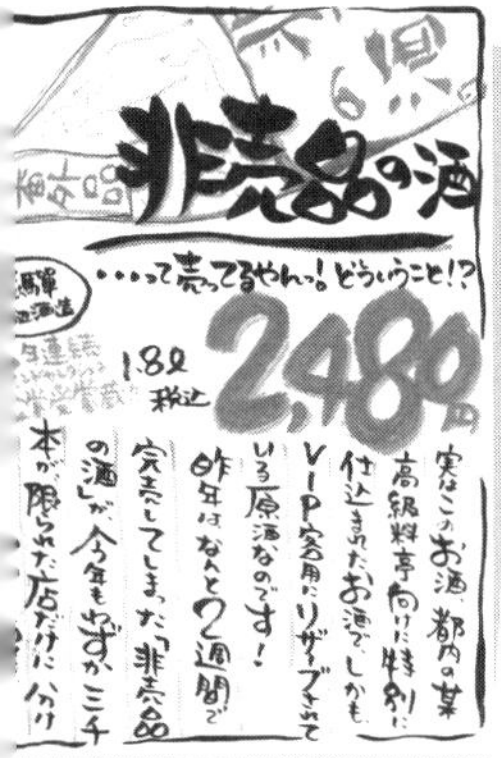

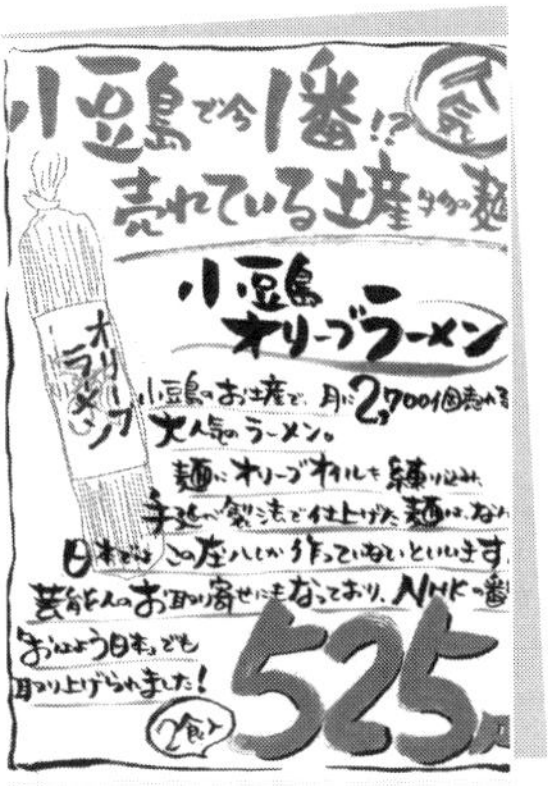

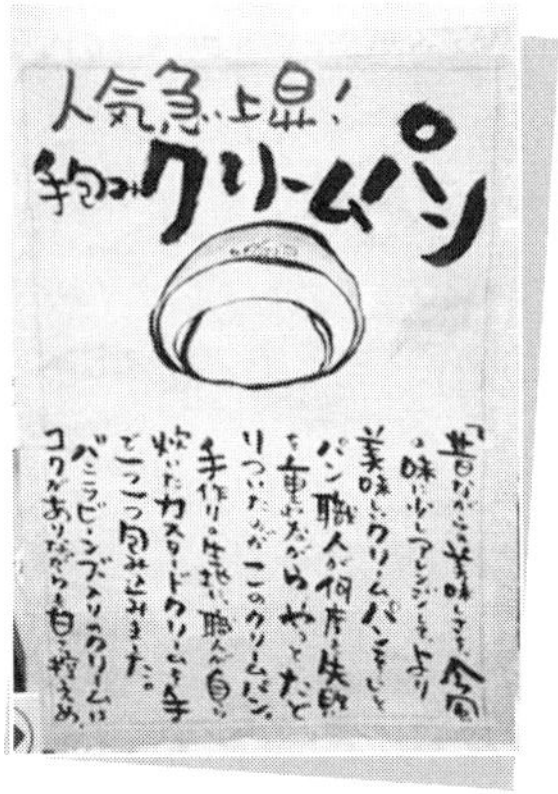

1　まずは揃えよう！ POP の 7 つ道具

2　筆の種類と使い方

3　筆で文字を書いてみよう

Section 1

まずは揃えよう！ POPの7つ道具

パソコンで作成するよりも手軽で簡単な手書きPOPを書くために必要な7つ道具をご紹介します。大きい文房具店などで購入できますので、まずは道具を揃えてしまいましょう。

① 筆ペン（黒色・太文字）
② 筆ペン（朱色）
③ 水性マーカーペン
④ 水性ボールペン
⑤ 色鉛筆
⑥ コピー用紙（B4サイズ）
⑦ 色画用紙（暖色系の八つ切りサイズ）

手書きというだけで苦手意識を持ってしまう人が多いのですが、その理由を聞いてみると、字や絵が下手だから……というものが多いようです。そのため、字の下手さをある程度ごまかすことができる「筆文字POP」を私は普段からおすすめしています。私がおすすめしている筆文字は、書道のような整った文字ではなく、わざと崩したやわらかい雰囲気の文字です。この字体ですと、字の上手下手がほとんど気になりません。現に、私も書道を習った経験は小学校の授業程度ですから、まずは思いきって書いてみるとよいでしょう。

●道具が揃っていると上手に書ける！

ここで用意していただく道具が多いのは、用途によって使い分けると、初級者でも上手にPOPが書けるためです。POPには、キャッチコピー・商品名・価格・説明文・イラストの5つの要素が欠かせません。その要素すべてを筆で書くことは最初は困難です。しかし、キャッチコピーや商品名など、大きな文字だけを筆文字にするだけでも、筆特有のやわらかい雰囲気や和テイストを盛り込むことは可能です。そこで、大きな文字だけを筆文字で、小さな文字はペンやボールペンなどで書くのです。

さらに、色画用紙をPOPの後ろに貼る台紙にすると、額縁の役割を果たします。これは「額縁効果」といい、POPの内容をより目立たせる効果があるのです。画用紙がなければ、POPに直接筆ペンや色鉛筆で枠を書くとよいでしょう。

黒色筆ペン（太字）

商品名やキャッチコピーなどの大きな文字を書くのに適している

朱色筆ペン（中字）

キャッチコピーや価格は遠くからでも目立つよう朱または赤色を使う

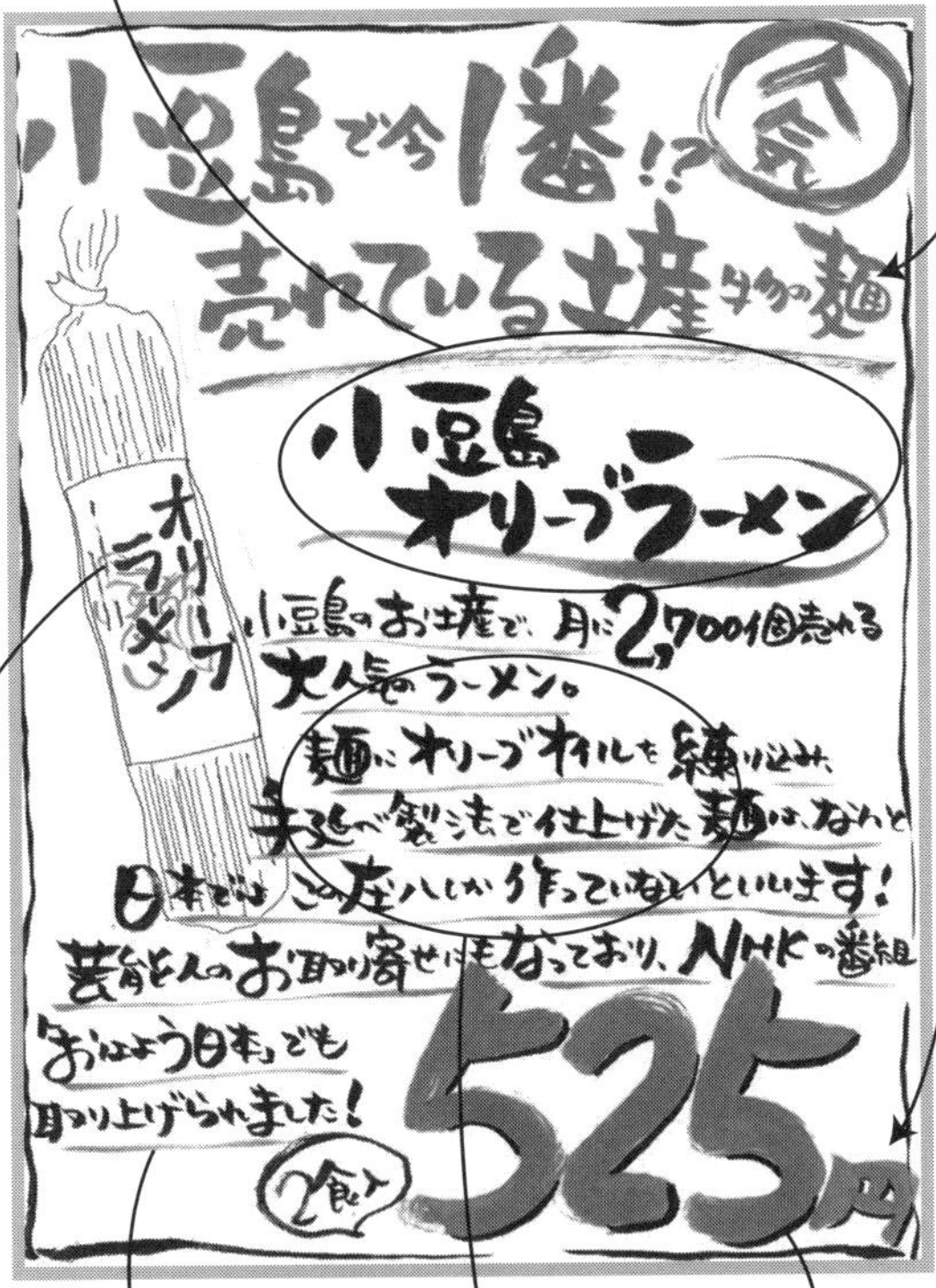

うす墨筆ペン（中字）

下線をひくことで、文章が読みやすくなる

価格はより強調するため、黒の筆ペン（極細）で影をつける

水性ボールペン

イラストや小さめの文字を書くのに適している

黒色筆ペン（中字）

商品の説明（セリフ）を書くのに適している

Section 2

筆の種類と使い方

大きな文具店にいくと、数十種類の筆ペンを見つけることができます。太さや色など相当な種類があります。ここでは、私が通常使用している筆の種類とその用途についてご説明します。必須の筆ペンは次の5種類です。

①太字・黒色筆ペン
②中字・黒色筆ペン
③極細・黒色筆ペン
④中字・朱色筆ペン
⑤中字・うす墨筆ペン

右の5種類のうち、①〜③は、字の太さのみが異なる筆ペンになります。①の太字はキャッチコピーや価格に主に使用します。②の中字は、商品名やイラストを書く場合に使用します。③の極細は、説明文を筆で書く場合に使用します。このように、用途によって道具を使い分けることにより、技術力がなくてもさまざまな大きさの文字を書くことが可能になるのです。

④の朱色は、たいていの場合は価格に使用します。POPの場合、価格は赤色に近い色で大きくはっきりと書くほどお買い得に見えます。街中の特売品に赤文字が多用されているのは、これが理由です。同じ商品でもお買い得に見せることができるのです。

最後に⑤のうす墨筆ペンですが、これは香典などのしに使用するためのものです。このペンは、黒や朱色で書いた筆文字に影をつけるときに使用します。どのような文字でも、影をつけると浮き上がっているように見えるものです。そのため、キャッチコピーや価格など、特に目立たせたい文字に、このうす墨筆ペンを使用します。

●筆ペンは種類も豊富

その他、金や銀、青や緑などさまざまな筆ペンがあります。イラストを筆で書く場合や、普段のPOPと雰囲気を変えたい場合などに使うとよいでしょう。普段はあまりお店で見かけませんが、年賀状の季節になると店頭に並びますので、その時期を狙って文具店に行くと手に入りやすいと思います。黒色以外の筆ペンで使用頻度の高い色は、赤・金・青・緑・茶・銀です。筆ペンを使うことに慣れてきたら揃えてみてはいかがでしょうか。

手書きPOPを書くために揃えよう

太字・黒色筆ペン	キャッチコピーや商品名を書く、縁取りをする
中字・黒色筆ペン	商品名やセリフなど、文字を大きめに書くときに使用
極細・黒色筆ペン	セリフを書く
中字・朱色筆ペン	価格、キャッチコピーを書く
中字・うす墨筆ペン	影をつける、下線をひく、セリフを書く
水性マーカーペン	セリフを書く（文字が小さいとき）
水性ボールペン	イラストを書く、イラストに補足説明を書く
色鉛筆	イラストに色をつける、縁取りをする
色画用紙	POPの台紙として使用、POPを華やかにする

Section 3

筆で文字を書いてみよう

ＰＯＰは、パッと見て興味を持ってもらえなければ内容を読んではもらえません。お客様の心をひきつけるには、どこのお店にもあるようなＰＯＰでは、興味を持ってはもらえません。パソコンでつくるＰＯＰは、きれいに整っていて見やすくよいのですが、誰でもつくることが可能です。逆に、手書きのＰＯＰは、その人にしか書くことはできないのです。さらに、近年は「和への回帰」や「癒し」を求めるお客様が多く、筆ペンを使用したＰＯＰに人気が集まっています。

●親しみやすい筆文字の書き方

ここでは、書道のような文字ではなく、くだけた、やわらかい雰囲気を出す筆文字の書き方をご説明します。

まず、左ページのように一辺が5センチ程度の正三角形を下向きに書きましょう。通常の文字練習であれば、正方形の中に字を書くと思いますが、やわらかな雰囲気を出すためには三角形を使うと上手に書けるようになります。下向きの正三角形が書けたら、次はもう文字を書く練習になります。最初は鉛筆やボールペンなど、自分の最も書きやすい文具で書いてみます。平仮名を五十音順に書きましょう。

ここでのポイントは、正三角形の枠内いっぱいに文字を書くということです。こうすることで、「頭でっかち」の文字を書くことができ、通常の文字よりも可愛らしい、やわらかい雰囲気になるのです。

鉛筆やボールペンなどで平仮名を一通り書くことができたら、次はいよいよ筆ペンを使用して書いてみます。

筆ペンの特徴は、力の入れ具合で文字の太さが変わることです。この特徴を活かしながらやわらかい文字を書くためには、最初の一画目に力を入れて太く書き、二画目以降は力を抜いて細めに書くようにします。こうすることで、三角形でつくった「頭でっかち」の形をより強調することができるのです。

書き方のコツがつかめれば、練習すればするほど上達します。また、筆ペンに慣れてくれば、「頭でっかち」以外の書き方も、自己流で開発していくことができるでしょう。まずは筆ペンに慣れることからはじめましょう！

筆文字の基本

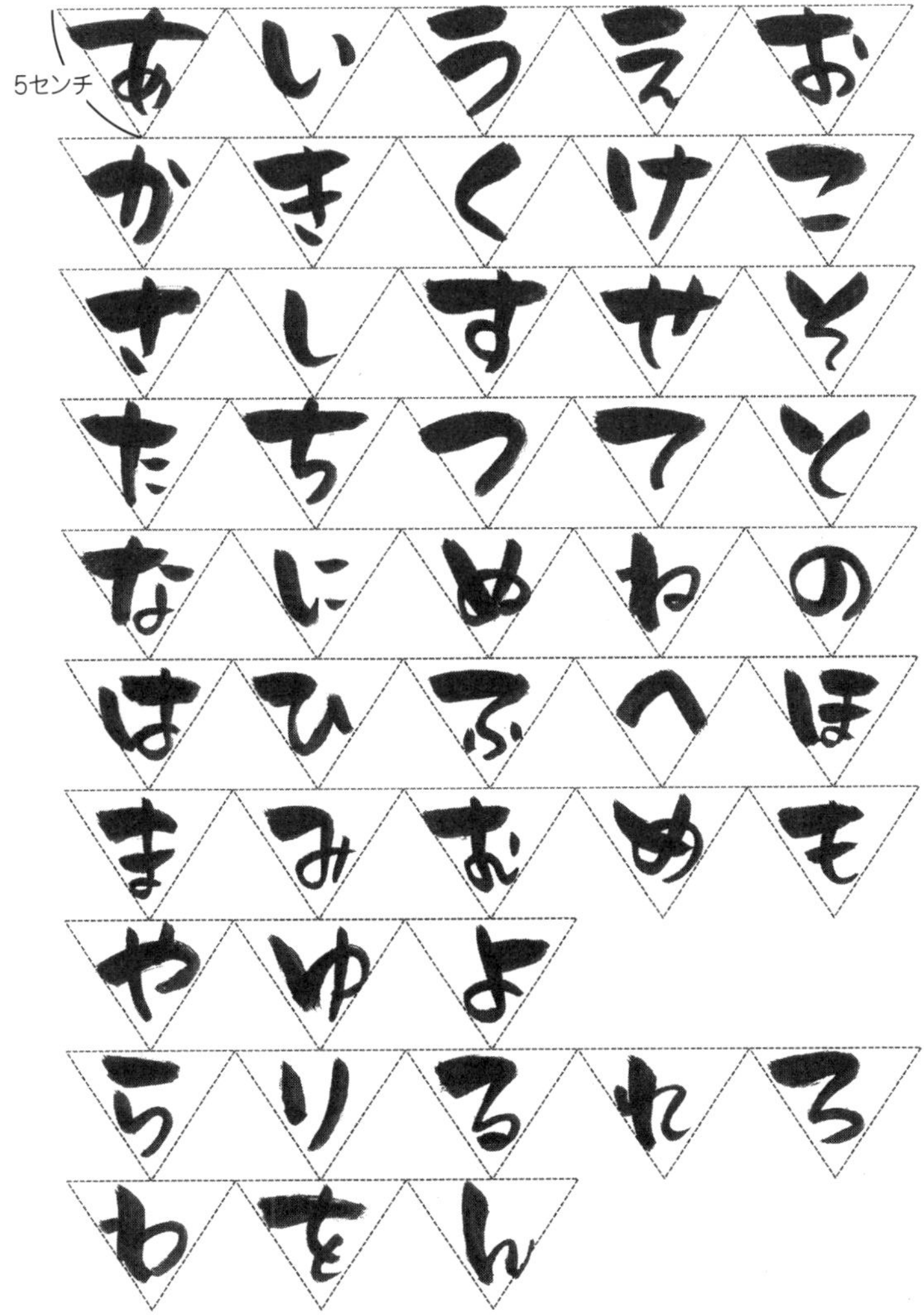

練習すればするほど上達します！

この面をコピーしてご利用ください

FAX 06-6232-0274 今野宛

「誰でもすぐにつくれる！ 売れる『手書きPOP』のルール」

POPづくり・コミュニケーションシート

本書に掲載されている
POP事例写真をカラーで無料プレゼント
プラス「コンサルティング・レポート」

本書をお買い上げいただきまして、ありがとうございました。

本書に掲載されている主なPOP事例写真をモノクロよりもイメージがしやすいカラー写真でプレゼントいたします。

著者・今野良香が不定期に、支援先・勉強会メンバーに向けて書いているレポートもおつけしています。お気軽にお申し込みください。

（全国へ出張に出ているため、事例発送には２～３週間かかる場合があります。ご了承ください）

御社名：	業種：
お名前：	お役職：
〒 ご住所：	
TEL：	FAX：
E-mail	
●ご感想および、POPづくりのご相談などございましたらご記入ください。	

著者紹介

今野良香（こんの　りょうか）

船井総合研究所　経営コンサルタント
1981年、千葉県生まれ。成蹊大学経済学部卒業後、(株)船井総合研究所に入社、ベーカリー業・菓子業・酒業界を中心に、食品製造小売業のコンサルティングに従事。同社でも数少ない女性コンサルタント兼主婦。今ある商品を変えることなく、「手書きPOP」と「売場づくり」による短期間・ローコストリニューアルを行なうことで、業績アップを実現する。日々のコンサルティング業務を凝縮し、ルール化した「売れる手書きPOP」のコツを本書にまとめるかたわら、講演活動も行なっている。

今野良香ブログ：パン店・菓子店の売上アップ！　http://blog.goo.ne.jp/ryoka0727

誰でもすぐにつくれる！
売れる「手書きPOP」のルール

平成21年 6月30日　初版発行
平成25年 2月20日　13刷発行

著　者 —— 今野良香

発行者 —— 中島治久

発行所 —— 同文舘出版株式会社

東京都千代田区神田神保町1-41　〒101-0051
電話　営業03 (3294) 1801　編集03 (3294) 1802
振替00100-8-42935
http://www.dobunkan.co.jp

 ISBN978-4-495-58461-0
印刷／製本：シナノ　Printed in Japan 2009